DANIEL PATTERSON

Acumulando Hábitos

Logre Salud, Riqueza, Fortaleza Mental y Productividad Cambiando sus Hábitos.

Copyright © 2019 by Daniel Patterson

First edition

*This book was professionally typeset on Reedsy.
Find out more at reedsy.com*

Chapter 1

Tabla de Contenidos

Tabla de Contenidos
  Introducción
  Timelogger
  Regla 80/20
  Capítulo 1: El Recorte Sináptico y la Acumulación de Hábitos
  El Recorte Sináptico y la Acumulación de Hábitos
  Recorte Sináptico
  Recorte Sináptico y Construcción de Nuevos Hábitos
  Ejemplos de Acumulación de Hábitos
  Buscando el Estímulo Adecuado
  El Siguiente Paso
  Capítulo 2: 17 Hábitos de Productividad de la Acumulación de Hábitos
  Mini Hábitos
  Elementos de la Acumulación de Hábitos
  17 Pequeños Hábitos para la Productividad
  Capítulo 3: Entrenar el cerebro para la rutina
  Capítulo 4: Construyendo una Rutina de Acumulación de Hábitos: 13 Pasos Fáciles

Desencadenantes del Hábito (ejemplo negativo)

Desencadenantes del Hábito (ejemplo positivo)

Capítulo 5: Falacia de la Planificación y sus Efectos en la Gestión de Tiempos

¿Qué es esto?

Impacto de la Falacia de la Planificación en la Gestión del Tiempo

Evite la Falacia de la Planificación

Conclusión

Capítulo 6: Hábitos Fundamentales

La Importancia de los Hábitos Fundamentales

Capítulo 7: Acabar con los Malos Hábitos

Fase 1: Planificación Para el Cambio de Hábitos

Estrategia 1: Concéntrese en un Solo Hábito a la Vez

Estrategia 2: Asuma un Desafío de Cambio de Hábitos de 30 Días

Estrategia 3: Establecer una Fecha de Inicio

Estrategia 4: Identificar la Meta

Estrategia 5: Evitar Soluciones Bruscas

Estrategia 6: Establecer Algunas Métricas de Referencia

Estrategia 7: Desarrolle Metas Incrementales

Fase 2: Entendiendo el Ciclo de Hábitos / Formando Nuevos Hábitos

Estrategia 8: Identificando la Rutina del Hábito

Estrategia 9: Registre las señales de hábitos

Estrategia 10: Desarrolle Varias Recompensas

Estrategia 11: Compruebe lo que Funciona

Estrategia 12: Elabore Un Plan Para Romper Con El Mal Hábito

Estrategia 13: Conozca la Brecha de Empatía Frío-Caliente

Estrategia 14: Uso de Recordatorios de Hábitos para Per-

manecer en el Camino
Fase 3: Construya Sistemas de Apoyo para Ayudarle a Romper los Malos Hábitos
Estrategia 15: Mantenga un Diario de Rendición de Cuentas
Estrategia 16: Hacer Declaraciones Públicas
Estrategia 17: Encuentre un Socio de Responsabilidad
Estrategia 18: Ignorar a la Gente Negativa
Estrategia 19: Evite las Ubicaciones de los Detonadores
Estrategia 20: Obtenga Ayuda Profesional
Fase 4: Superar los Desafíos que son Esenciales para Romper los Malos Hábitos
Estrategia 21: Lleve un Estilo de Vida Saludable
Estrategia 22: Manténgase Positivo
Estrategia 23: Manténgase Alejado de la Actitud de "¿Qué Diablos?"
Estrategia 24: Perdónese por los Pequeños Fracasos
Estrategia 25: Recompénsese a Sí Mismo
Estrategia 26: Revise sus Planes Diariamente
Estrategia 27: Trabaje Día a Día
Conclusión (Romper los Malos Hábitos)
Capítulo 8: Hábitos Alimenticios, Físicos, de Salud y de Estilo de Vida
Aptitud Física
El perdón
Comer Saludable con el Control del Tamaño de Porción
Atención Médica Preventiva
Cronología Sugerida para los Exámenes de Salud de Rutina
Para Hombres
Para Mujeres
Duerma lo suficiente para llevar una vida saludable
Atrévase a Cosas Nuevas, Como un Estilo de Vida Saludable

Mejore su Estado Físico Trabajando su Fuerza y Flexibilidad
Ríase Para Tener Una Vida Sana
Pase tiempo con su familia y amigos
Cuídese de las conductas adictivas negativas
Tranquilice su Mente
Esté Agradecido
Capítulo 9: Acumulación de Hábitos para Ambientes Escolares
Construyendo Buenos Hábitos para Maestros y Estudiantes
Capítulo 10: Acumulación de Hábitos en las Relaciones
Comenzando
Opción 1: Uso de Mensajes de Texto o de Correo Electrónico
Opción 2: Uso de Tarjetas Manuscritas
Opción 3: Juego a Largo Plazo
Capítulo 11: Acumulación de Hábitos para Mejorar sus Finanzas
Capítulo 12: Lidiando con los Problemas de la Acumulación de Hábitos
Estrategia 1: Tenga un plan de contingencia si es que el plan está listo
Estrategia 2: Conozca los Desencadenantes
Estrategia 3: Reducción de las Expectativas Generales
Estrategia 4: Comience de Nuevo con Poco
Siga Adelante
Capítulo 13: Escogiendo Desencadenantes para su Rutina de Acumulación de Hábitos
Conclusión

Introducción

Cuando se despierte por la mañana, identifique las tareas que son más importantes que otras o las que son urgentes en ese momento y empiece con ellas primero. Estemos de acuerdo o no, todos somos criaturas de hábitos. Todas nuestras mañanas están llenas de hábitos que hemos mantenido a lo largo de los años, desde cepillarnos los dientes hasta beber café. Lo difícil es cuando tratamos de añadir hábitos nuevos y saludables a nuestras vidas y nuestro trabajo. Sin embargo, desarrollar rutinas más saludables podría ser tan simple como acumular hábitos.

Lo que tiene que hacer es sentarse y pensar en sus metas y objetivos. Luego piense en los hábitos que necesita adquirir para lograr esas metas. La mayoría de estos hábitos toman menos de treinta minutos a dos horas de esfuerzo diario. Sin embargo, algunos de ellos son tan pequeños que podrían colarse por las grietas.

La premisa es tomar todas las cosas que se supone que debe hacer diariamente para alcanzar las metas fijadas y agruparlas. Puede añadirlas a su rutina matutina o vespertina o incluso incorporarlas a otras partes del día. Esto elimina la carga cognitiva y el estrés cuando se da cuenta de que "¡Dios mio, necesito hacer todas estas veinte tareas diferentes!" Sólo tiene que revisar esta fácil lista. Realice todos estos h ábitos uno tras otro, y comenzará su día o lo terminará con una serie de grandes logros. Muchos de estos métodos se pueden encontrar en *The Checklist Manifesto* de Atul Gawande. La idea central es llevar su vida a través de un conjunto de listas de control. No hay necesidad de seguir pensando en ellas todo el tiempo. Sólo tiene que sacar la lista de control de hábitos y completar de uno a siete para pasar el resto del día.

Llegará un momento en el que ya no necesitará la lista. Podría usarla sólo como un recordatorio. Aunque conozcamos cierta rutina y la hayamos realizado una docena de veces, y hasta cientos de veces, es posible que todavía queramos sacar la lista de control en caso de que se nos haya olvidado algo. Pero para la mayoría de las partes, es algo interno. Después de un tiempo, sentirá que siempre tuvo las pilas.Uno de los ejemplos es el ejercicio. Muchas personas que no hacen ejercicio pueden inventar excusas creativas para explicar por qué no lo hacen. Tienen excusas como "Hoy está nublado y podría llover, así que no puedo salir hoy a correr" o "Olvidé mis zapatos" o "Olvidé mis pantalones de bikini". La gente usa muchas de esas excusas. Más ejemplos de sus excusas son "No tengo tiempo hoy" o "No pude dormir bien anoche". Todas estas son excusas.

Un buen hábito será programar su entrenamiento después de levantarse por la mañana. Después de levantarse, decida exactamente en qué momento va a hacer ejercicio ese día. Además, agregue treinta minutos de tiempo de descanso intermedio en caso de que sea necesario. Programe esto en su rutina, como lo haría con cualquier otra cita del día. Revise el clima para el día. Puede sonar innecesario, pero suponga que va a hacer ejercicio a las 4:00 p.m. y se espera que haya una tormenta y lluvias en ese momento. Es posible que haya resuelto este problema fácilmente comprobando el clima y haciendo los ajustes adecuados en su horario. De hecho, puede crear suposiciones lógicas para este fin: "Si está lloviendo, entonces iré al gimnasio, pero no me perderé el entrenamiento."

Así que se están dando múltiples métodos para entrar en el entrenamiento diario en caso de que algo no salga según lo planeado en un día. Recuerde llevar una bolsa de comida consigo para el ejercicio en caso de que sienta hambre antes del ejercicio. Asegúrese de que lleve todo el equipo de gimnasia.

Pequeñas cosas como estas parecen tontas, pero si las apila en una rutina pequeña y rápida de diez minutos en la que comprueba y chequea si tiene todas las cosas necesarias consigo, entonces es fácil seguir adelante con su compromiso de hacer ejercicio. Este es un ejemplo relacionado con el ejercicio. Puede hacer cosas similares a estas, digamos, venta de libros. Me despierto y luego repaso la lista de los 100 libros más vendidos de una tienda en línea como, digamos, Amazon. Esa es la forma en que los escritores ven lo que está sucediendo en el mercado. Es posible que se muestren en los anuncios de Amazon y realicen pruebas por separado en mis páginas de Squeeze. Estas cosas no toman mucho tiempo pero producen un impacto masivo en su negocio. Antes de empezar a escribir, se asegurarán de que se dediquen al menos veinte o treinta minutos a estas cosas para ayudar a avanzar en la venta de libros.

A algunas personas les encanta el café por la mañana, por lo que colocan sus píldoras vitamínicas y agua al lado de la tetera para que no se olviden de tomar el medicamento. Esto es también una especie de acumulación de hábitos. Tome un hábito existente y empiece a adjuntarle cosas. Tomar café es lo que se puede llamar un *hábito ancla*. Es lo que uno considera como un detonante. Así que el café es el detonante. Luego, se hace algo como colocar medicamentos cerca de ello. Algunas personas se pesan por las mañanas y llenan las botellas de Contigo. Se supone que debe beber ocho vasos de agua todos los días. Algunas personas preferirían llenar una botella enorme y beberla durante todo el día. Así que se trata de cosas como estas. Puede empezar a preparar la tetera para su esposa o lavar los platos. Revise sus metas y ordene sus prioridades. Y ya está listo ¡*boom, boom, boom, boom!* En la primera hora de la mañana, más o menos, ha realizado dos docenas de tareas.

Se cree que el pico cognitivo es aproximadamente una o dos horas después de despertarse. Ese es el momento en que sus ideas comienzan a filtrarse, especialmente en caso de que se encuentre en medio de una tarea. Es casi como si estuviera haciendo la tarea en su mente, y es particularmente más útil para el trabajo monótono como el trabajo manual. Le da a su mente la oportunidad de pensar en las cosas que necesita hacer durante el día. Existe algo así como un período entre despertarse y comprometerse completamente en algo. Este período es necesario especialmente cuando se revisan las tareas y objetivos del día y luego se empieza a pensar en lo que se necesita para alcanzar los objetivos. Se obtiene un poco de emoción, y la motivación se mantiene para las tareas principales.

He aquí algunos hábitos que ayudarán a la audiencia a mejorar sus carreras:

1. Enfoque y Calendario. Siempre comience su día enfocándose y programando, y recuerde comenzar con las tres tareas más importantes (TMI). Cuando se despierte, identifique las tareas que son urgentes o super importantes en este momento y empiece con ellas primero. Una de las formas más recomendables es empezar a trabajar en los temas importantes y a largo plazo que no son específicamente urgentes. Nadie está necesariamente obligándolo para que trabaje en la tarea, pero es consciente de que es importante para el éxito a largo plazo. Una de las primeras TMI debería ser esta actividad.

2. Rastree su tiempo. El segundo hábito, aunque sea un poco más difícil, es rastrear su tiempo. Funciona de maravilla para la mayoría de la gente. De hecho, puede crear de diez a quince categorías para lo que sea que esté haciendo con su carrera. Una de estas actividades podría ser el correo electrónico. Otra podría ser una actividad de trabajo profunda, y otra podría ser una reunión. En realidad debería dividir las cosas en diferentes secciones o partes y rastrearlas. Hay una aplicación llamada Timelogger, y se puede encontrar en Internet. Puede crear varias categorías en la propia aplicación, y también puede ejecutar un temporizador cada vez que esté realizando esas actividades.

Aunque parezca un poco obsesivo, después de completar cada mes, simplemente mire las diferentes secciones y compruebe el tiempo que dedica a esas diversas actividades. Analice su desempeño durante el mes. En caso de que descubra que está gastando entre el 20 y el 30 por ciento de su tiempo en actividades administrativas que no están ayudando a su carrera, entonces tal vez necesite empezar a cambiar las cosas o tratar de encontrar otros métodos para reducir o eliminar el tiempo invertido en esa categoría. específicamente incorrecta.

3. Utilice el sistema métrico. En realidad, puede utilizar las métricas detrás de las categorías importantes y sus resultados. Hay un viejo dicho que dice que "lo que se puede medir se puede manejar". Hay algo muy importante para las categorías de trabajo específicas que pueden usar métricas. Por ejemplo, un escritor haría un seguimiento del número de palabras escritas en un día. En caso de que sea un vendedor, puede llevar un registro del número de clientes potenciales con los que habló en el mes (o simplemente de la cantidad de personas con las que habló) y de cuántos de esos se conviertieron en clientes potenciales. Cualquiera que sea la prioridad principal de su negocio, trate de poner las métricas detrás de la prioridad tanto como sea posible.

4. Preparar una Lista de Seguimiento. El siguiente punto de la lista será la preparación de una lista de seguimiento de elementos de trabajo o tareas. En realidad, puede utilizar un archivo de WordPad, que debe mantenerse abierto todo el tiempo. Cada vez que realice una actividad, escríbala. Esta idea se deriva un poco de lo que se habla en la técnica de BDR (borrar, delegar y rediseñar). Una vez que haya preparado la lista de todas las cosas que necesita a diario, averigüe las cosas que puede eliminar. Busque las tareas que puede delegar, o busque cosas que puedan ser rediseñadas o retiradas de la lista.

Estas cosas deben hacerse constantemente. Puede tomar la ayuda de un asistente virtual. Puede esperar que el asistente le quite las cosas de su lista o incluso que busque tareas que puedan ser eliminadas por completo. La mejor manera de encontrarla es tener una lista que se pueda actualizar constantemente. Estas son algunas de las cosas que puede hacer que realmente ayudan.

Timelogger

¿Es Timelogger un sitio web o una aplicación para el móvil? Es una aplicación. Se puede utilizar tanto en dispositivos iOS como Android. La mayoría de la gente en el mundo debería ser capaz de usarla. Aunque es una aplicación paga, no cuesta mucho. También hay otras maneras de hacer un seguimiento de su tiempo. Esta aplicación es muy simple de usar y entender.

Regla 80/20

Los escritores que practican la acumulación de hábitos piden a sus lectores que mejoren un 1 por ciento cada día. Los desafíos lo pondrán en marcha en su viaje de acumulación de hábitos.

Otra recomendación es la aplicación de la regla 80-20. La idea es que el 80 por ciento de los resultados se obtenga con un esfuerzo del 20 por ciento. Los lectores necesitan identificar cuál es su 80 por ciento y cuál es el 20 por ciento. ¿Qué es lo que hace una gran diferencia para su carrera? A partir de ahí, rastree el tiempo que pasa obsesivamente. Es muy posible que tenga que hacerlo sólo por un par de semanas. Sin embargo, rastree el tiempo con entusiasmo y descubra las maneras de eliminar las cosas que se están interponiendo en el camino de los 80-20. En caso de que encuentre que está gastando demasiado tiempo en el correo electrónico, entonces necesita aplicar la técnica BDR. Trate de encontrar maneras de agilizar el tiempo empleado en el envío de correo electrónico para que pueda realmente lograr pasar más tiempo realizando las tareas de 80 a 20.

Sólo busque maneras de mejorar semanalmente y luego mejorar eso. A la mayoría de la gente le gustará pasar la mitad de su tiempo haciendo el trabajo, y necesita eliminar sin piedad las cosas que se interponen en su camino.

Capítulo 1: El Recorte Sináptico y la Acumulación de Hábitos

El Recorte Sináptico y la Acumulación de Hábitos

Durante el año 2007, los investigadores de la Universidad de Oxford comenzaron a mirar dentro del cerebro de bebés humanos recién nacidos. Hubo resultados sorprendentes. Cuando compararon el cerebro de un bebé recién nacido con el de un adulto, se dieron cuenta de que los adultos promedio tienen 41 por ciento menos neuronas que los bebés recién nacidos promedio. Este descubrimiento no tenía sentido al principio porque si los bebés tienen más neuronas, ¿cómo es que los adultos que son más inteligentes y más hábiles tienen menos? Revisemos cuál es el caso y por qué es importante y qué tiene que ver con la acumulación de hábitos y el dominio de su rendimiento físico y mental.

Recorte Sináptico

Hay un evento que sucede con los humanos a medida que envejecen llamado recorte sináptico. Las conexiones entre varias neuronas en el cerebro se llaman sinapsis. La idea elemental es que el cerebro humano recorta la conexión entre las neuronas que no se usan y construye conexiones entre las que se usan con frecuencia. Por ejemplo, si practicó un instrumento durante diez años, entonces el cerebro fortalecerá las conexiones entre las neuronas utilizadas para la música. Cuanto más toque el instrumento, más fuerte será la conexión. No sólo eso, estas conexiones se vuelven más rápidas y eficientes cada vez que practica. A medida que el cerebro desarrolla conexiones más rápidas y fuertes entre las neuronas, la persona se vuelve más capaz de expresar sus habilidades con facilidad y experiencia. Es el cambio biológico el que conduce al desarrollo de las habilidades.

Al mismo tiempo, alguien que no ha tocado nunca un instrumento está desarrollando esas conexiones en el cerebro y, como resultado, el cerebro poda esas conexiones y asigna la energía para construir la conexión para otras habilidades en su vida. Esto también explica la diferencia entre el cerebro del adulto y el del recién nacido. Los bebés vienen a este mundo con el cerebro como un lienzo en blanco. Todo es una posibilidad; sin embargo, no tienen conexiones desarrolladas en todas partes. Los adultos, por otro lado, han eliminado muchas de sus neuronas pero tienen conexiones muy fuertes, que son buenas para algunas habilidades. Ahora, veamos el papel de la poda sináptica en el desarrollo de nuevos hábitos.

Recorte Sináptico y Construcción de Nuevos Hábitos

El recorte sináptico ocurre cada vez que se construye un nuevo hábito. Como se describió anteriormente, su cerebro desarrolla una red de neuronas para apoyar su comportamiento actual. Cuanto más se realiza una determinada actividad, más eficientes y fuertes se vuelven las conexiones. Con toda probabilidad, tiene fuertes hábitos y conexiones que da por sentado todos los días. Por ejemplo, el cerebro es muy eficiente para recordar las tareas diarias, como ducharse o ir a trabajar o incluso tomar un café o abrir las persianas cuando sale el sol. Hay miles de esos hábitos en los que trabaja todos los días. Puede aprovechar las fuertes conexiones neuronales para desarrollar nuevos hábitos. Veamos cómo.

Cuando está tratando de construir nuevos hábitos, puede usar las conexiones de diferentes comportamientos a su favor. Una de las maneras más fáciles de crear nuevos hábitos es identificando un hábito actual que ya tiene y usa todos los días y luego poner uno nuevo encima. Esto se llama acumulación de hábitos. Es una forma especial de lo que se llama una intención de implementación. En lugar de emparejar sus nuevos hábitos con un lugar o una hora, puede emparejarlos con los hábitos actuales. El método desarrollado por B. J. Hogg es parte de su programa llamado Hábitos Pequeños. Se puede utilizar para desarrollar un estímulo para casi todos los hábitos.

Ejemplos de Acumulación de Hábitos

La fórmula utilizada para acumular hábitos es "Después/Antes de [HÁBITO ACTUAL], haré [HÁBITO NUEVO]". Por ejemplo:

· Después de servir mi café en la taza todos los días, meditaré por un minuto.

· Después de quitarme los zapatos después del trabajo, me pondré mi ropa de gimnasio inmediatamente.

· Después de sentarme a cenar, diré una cosa que sugiere que estoy agradecido por lo que ha pasado hoy.

· Después de acostarme, le daré un beso de buenas noches a mi pareja.

· Después de ponerme mis pantalones para trotar, le enviaré un mensaje de texto a un miembro de la familia informándole a dónde voy a ir a correr hoy y cuánto tiempo me llevará.

Necesita recordar que la razón por la que la acumulación de hábitos funciona tan bien es que los hábitos actuales ya están presentes en su cerebro. El comportamiento y su patrón que se ha fortalecido con los años está presente en el cerebro. Básicamente, está relacionando los nuevos hábitos con un ciclo que se construye dentro del cerebro. Al hacerlo, es más probable que se aferre al nuevo patrón de hábito.

Una vez dominada esta estructura básica, puede empezar a crear grandes series de hábitos conectando los más pequeños entre sí. Esto le proporciona la ventaja del impulso natural, que proviene de un comportamiento que conduce al siguiente. Así que ahora su hábito rutinario matutino puede verse así:

1. Después de servir mi café en la taza todos los días, meditaré por un minuto.

2. Después de meditar por un minuto, escribiré una lista de cosas por hacer para el día.

3. Después de escribir la lista de tareas del día, comenzaré mi primera tarea.

Para su noche, la serie de hábitos puede verse así:

1. Después de terminar mi cena, pondré mi plato en el lavaplatos.
2. Después de guardar los platos limpios del lavavajillas, limpiaré el mostrador inmediatamente.
3. Después de limpiar el mostrador, pondré mi taza de café en su lugar para mañana.

También es posible insertar nuevos patrones en medio de las rutinas actuales. Por ejemplo, su rutina matutina puede parecerse a ésta: (1) despertarme por la mañana, (2) hacer la cama, y (3) tomar mi ducha. Digamos que desea desarrollar su hábito de lectura cada noche y leer más. Puede expandir las series de hábitos y desarrollar una rutina como ésta: (1) despertarme por la mañana, (2) hacer la cama, (3) colocar un libro en la cama, y (4) tomar mi ducha. Ahora, cuando regrese a la cama cada noche, un libro le estará esperando para que lo disfrute.

En general, la acumulación de hábitos es una manera de crear un conjunto de reglas fáciles que guían su comportamiento futuro. Es como tener un plan de juego para todas las acciones que surgen durante el día. Una vez que se sienta cómodo con el enfoque, puede desarrollar series de hábitos generales que le guiarán cuando surja una situación. Aquí hay algunos ejemplos:

1. Cuando vea un conjunto de escaleras, las tomaré en lugar de usar el ascensor.
2. Para desarrollar mis habilidades sociales, cuando vaya a una fiesta, voy a conocer a la gente que no conozco.
3. Siempre que desee comprar cosas con un precio superior a $100, esperaré un día antes de hacer la compra.

4. Para desarrollar hábitos alimenticios saludables, cada vez que me sirva algo de comida, siempre pondré las verduras en el plato primero.

5. Cada vez que compre algún artículo nuevo, regalaré uno (para uno que entra, otro que sale).

6. Cuando suene mi teléfono, respiraré profundamente y sonreiré antes de responder.

7. Cuando me vaya de cualquier lugar público, revisaré mi silla y mis mesas para asegurarme de que no me he dejado nada.

No importa cómo haga uso de la estrategia. El secreto para crear una serie de hábitos fructíferos es la selección de un estímulo adecuado para activar las cosas. Esto es diferente a la intención de la implementación en la que sólo especificamos el tiempo y la ubicación de un comportamiento. La acumulación de hábitos tiene esta información implícitamente incorporada: *cuándo* decide insertar un hábito en su rutina diaria y *dónde* puede hacer una gran diferencia. En caso de que esté intentando añadir una rutina de meditación en la mañana, pero sus mañanas son demasiado caóticas y los niños estén entrando y saliendo corriendo de las habitaciones, entonces ese es el momento y lugar equivocado para insertar la meditación. Piense en cuándo es más probable que tenga más éxito. No se pida a sí mismo que desarrolle un hábito cuando esté preocupado con otra tarea.

Recuerde, su estímulo debe tener la misma frecuencia que el hábito deseado que necesita insertar. En caso de que esté tratando de desarrollar un hábito cada día y lo vaya a apilar encima de un hábito existente, probablemente no sea una buena opción.

CHAPTER 1

Buscando el Estímulo Adecuado

Una de las maneras más fáciles de buscar el estímulo correcto para su serie de hábitos es haciendo una lluvia de ideas de sus hábitos actuales. Utilice el cuadro de mando de hábitos como punto de partida, o puede crear una lista con dos columnas. En la primera, anote los hábitos que tiene y trabaja todos los días sin falta. Aquí hay algunos ejemplos:
- Levantarse de la cama
- Ducharse
- Lavarse los dientes
- Vestirse
- Beber café
- Desayunar
- Llevar a sus hijos a la escuela
- Comenzar a trabajar
- Almorzar
- Finalización de la jornada laboral
- Quitarse la ropa de trabajo
- Cenar.
- Apagar las luces
- Acostarse en la cama

Esta lista podría ser más larga, pero ahora tiene una idea de cómo es. En la segunda columna delante del hábito, escriba lo que le sucede todos los días sin falta. Aquí hay algunos ejemplos:
- El sol sale.
- Recibe una llamada telefónica.
- La canción que estaba escuchando termina.
- El sol se pone.

Cuando haya terminado con estas dos listas, puede empezar a buscar el mejor lugar para insertar el nuevo hábito en su estilo de vida.

El Siguiente Paso

La acumulación de hábitos funciona mejor cuando los estímulos son precisos y específicos y cuando son procesables. Algunas personas seleccionan pistas que son vagas. Este error lo cometen también los expertos. Por ejemplo, cuando un experto quería empezar su hábito de hacer flexiones, su serie de hábitos era "Cuando esté en mi descanso para almorzar, voy a hacer diez flexiones". Esto sonó bien al principio, pero más tarde se dio cuenta de que el estímulo no era claro. ¿Las haría antes o después de comer? ¿Dónde las haría? Después de unos días inconsistentes, cambió la serie de hábitos a "Cuando cierre la laptop para el almuerzo, haré diez flexiones inmediatamente al lado del escritorio". Esto hizo a un lado la ambigüedad del estímulo original e hizo que la tarea fuera realista y exitosa como resultado.

Hábitos como "Comer mejor" o "Leer más" son causas dignas de nuestro estilo de vida, pero son muy vagos. Las metas no proporcionan instrucciones sobre cuándo y cómo actuar. Tiene que ser específico y claro como "Después de lavarme los dientes", "Después de cerrar la puerta" o "Después de sentarme en mi mesa". Es importante para el éxito del hábito. Cuanto más apegado esté el nuevo hábito al estímulo, mejores serán las posibilidades de que lo note cuando llegue el momento de actuar.

Capítulo 2: 17 Hábitos de Productividad de la Acumulación de Hábitos

Mini Hábitos

El objetivo de un mini hábito es que sea confiable y consistente. De hecho, es aún más importante que el logro real mediante el uso del hábito diario. La idea detrás de los mini hábitos es que se alcanzan metas más grandes (hábitos más grandes) si se empieza por lo pequeño, se establecen metas fáciles y se apunta más a la consistencia. Stephen Guise ha dado el ejemplo de "The One Push-Up Challenge" en su libro *Mini Habits: Small Habits, Bigger Results*. Se sentía exactamente igual que muchos de nosotros, sintiéndose culpable por muchas cosas, como no hacer ejercicio. Trató de acomodar años de ejercicio en su primer entrenamiento, el cual desarrolló una actitud de todo o nada, y cambió su enfoque en las metas y no en cómo lo hacemos. Un buen día, decidió hacer lo contrario e hizo una sola lagartija.

Esto le permitió marcar la casilla marcada para completar la actividad. Es sólo que no se detuvo en una, sino que completó catorce más. Luego hizo una sola flexión, ¿y sabes qué? No se detuvo en una, de nuevo. El entrenamiento siguió así, y cuando terminó, resultó ser un ejercicio bastante bueno. Recuerde, empezó con una sola lagartija.

S. J. Scott escribe esto en su libro *Habit Stacking: 97 Pequeños Cambios de Vida que Toman Cinco Minutos o Menos:* "La idea central detrás del concepto de mini-hábitos es que se puede construir un hábito mayor pensando lo suficientemente pequeño como para empezar. La mayoría de la gente no necesita la motivación para hacer una flexión de brazos, así que es fácil empezar. Y una vez que se ponga en marcha, se dará cuenta de que es fácil seguir haciéndolo".

Elementos de la Acumulación de Hábitos

El propósito principal de la acumulación de hábitos es desarrollar rutinas simples y repetibles manejadas por listas de control. La razón es sacar esto fuera de la carga cognitiva, ya que sólo tiene que recordar seguir una lista de control y todas sus tareas están hechas. No hay necesidad de recordar hábitos independientes. Esto lo hará realizando el mismo conjunto de acciones en el mismo orden y de la misma manera todos los días. Las listas de comprobación no sólo le dicen que realice la siguiente tarea, sino que le ayudan a manejar la complejidad de las tareas y a aumentar la productividad. Scott dice: "Vincular los hábitos es una manera de hacer más en menos tiempo, lo que resulta en un cambio positivo en su vida. A medida que realiza las acciones apiladas todos los días, se convierten en parte de su rutina diaria".

Según Scott, hay ocho elementos en una rutina de acumulación de hábitos:

1. Cada hábito tarda menos de cinco minutos en terminar.
2. Es un hábito completo.
3. Debe mejorar su vida.
4. Es fácil de terminar.
5. Todo el proceso no debe exceder los treinta minutos.
6. Sigue un proceso de pensamiento lógico.
7. Debe seguir una lista de control definida.
8. Debe encajar en su patrón de vida.

CHAPTER 1

17 Pequeños Hábitos para la Productividad

Todos los hábitos enumerados son del libro de S. J. Scott, *Habit Stacking: 97 Pequeños Cambios de Vida que Toman Cinco Minutos o Menos*. Aunque puede que no esté de acuerdo con todos ellos, en su mayoría se derivan del sentido común. Scott dice que si los agrega a su rutina, verá una mejora dramática tanto en la calidad como en la cantidad de sus esfuerzos. Se puede observar una gran cantidad de mejoras con sólo ser consciente y ser cauteloso acerca de lo que está haciendo y cómo pasa su tiempo.

1. Beba un vaso grande de agua. La deshidratación más leve es capaz de causar dolores de cabeza y fatiga. Afecta la concentración, deteriora la memoria a corto plazo e impide la función mental. En caso de que desee estar en su mejor momento productivo, es importante que el cerebro esté encendiendo todos los cilindros. Por lo tanto, asegúrese de estar bien hidratado antes de comenzar su trabajo.

2. Programe y priorice las tareas diarias. Sin tener un horario básico, es aterradoramente fácil llegar al final del día y luego darse cuenta de que no ha logrado nada de importancia. Al menos necesita hacer una lista de las tareas que desea realizar durante el día y luego decidir cuáles son sus prioridades. En caso de que se pierda en cómo hacer esto, también hay ayuda en línea disponible para ello.

3. Concéntrese en las tres tareas más importantes. Hay otra manera de planificar el día con antelación y es centrándose en los TMI (tareas más importantes). Es fácil tratar de hacer demasiado en un día. Como resultado, se llega hacia el final del día y no se ha completado la tarea. Entonces se siente culpable de no haber tenido un día exitoso. Al elegir el TMI todos los días, no pierde el tiempo en tareas de baja prioridad. En caso de que consiga completar sus TMI, se sentirá productivo, aunque no haya hecho nada más en la lista.

4. Convierta las tareas en pasos manejables. Para cada tarea de su lista de verificación, intente dividirla en pasos más pequeños para que la tarea sea fácil de manejar.

5. Dígales a otros que creen responsabilidad. En caso de que sus tareas no tengan rendición de cuentas, trate de incorporarlas como si fuera una fecha límite para el cliente. La responsabilidad puede ser creada diciéndole a otros acerca de sus intenciones a medida que disciplina sus esfuerzos de mantenerse en la tarea. No hay necesidad de avergonzarse admitiendo que no pudo hacer el trabajo a tiempo. De esta manera, estará más dispuesto a lograr esos objetivos haciendo público el objetivo.

6. Recompénsese por completar las tareas. Con el fin de mantener sus niveles de energía y la moral alta, alterne entre pequeñas tareas, y tenga recompensas con pequeñas golosinas. Las golosinas no sólo actúan como un alivio para reponer los niveles de enfoque agotados, sino que también funcionan como un motivante. Trabajará más rápido con un entusiasmo renovado si tienes algo que esperar al final del día.

7. Extraer las distracciones del trabajo. En lugar de luchar contra la inclinación natural del cerebro a postergar las cosas, ahórrese la molestia de perder mucho dinero y tiempo simplemente cerrando la pestaña de correo electrónico y dejando de usar las redes sociales durante el tiempo de trabajo.

8. Despeje el escritorio. Complete todo el papeleo de su escritorio excepto lo que necesitará para el día restante. Ponga todo lo demás en carpetas físicas, cajas y cajones fuera de la vista y, con suerte, fuera de su mente.

9. Reproduzca música para aumentar el enfoque. La

música con bajo volumen en el fondo ayuda a amortiguar los sonidos distractores que pueden interrumpir su trabajo, y esto ha demostrado ser capaz de mejorar la creatividad y el enfoque de varias personas.

10. Complete primero la tarea más difícil (o espantosa). Eche un vistazo a las TMI y encuentre la tarea más espantosa del día, la que pospondrá indefinidamente si se le da la oportunidad. Empiece a trabajar en esta tarea antes de que tenga la oportunidad de pensarlo mucho. No toque otro trabajo hasta que haya terminado con esta tarea.

11. Comprométase con una pequeña meta. Identifique su tarea más difícil y planifique un primer paso pequeño y sencillo para completarla. Puede tomar sólo unos minutos. Decida una métrica que pueda utilizar fácilmente para completar la evaluación de los datos de la tarea.

12. Trabaje en bloques pequeños a la vez. Se puede utilizar la técnica Pomodoro, ya que es la versión más conocida de la técnica. Significa trabajar durante veinticinco minutos y luego tomarse un descanso de cinco minutos.

13. Lleve un registro del tiempo necesario para las diversas actividades. La mayoría de las personas juzgan mal la cantidad de tiempo que están usando para hacer la tarea actual y pasan una cantidad sorprendentemente grande de tiempo haciendo tareas sin sentido. Al hacer un seguimiento de su tiempo, se vuelve más alerta acerca de cómo lo está gastando, y puede comenzar a detectar patrones en su horario que están disminuyendo su productividad.

14. Use la regla de los dos minutos. En caso de que haya una tarea que le tome alrededor de dos minutos de su tiempo o menos, hágala y siga adelante inmediatamente. Tenga en cuenta que lo urgente siempre triunfa sobre lo significativo.

15. Capture todas las ideas. Nuestras mentes tienden a vagar. A pesar de los esfuerzos heroicos, a veces se alejan de la tarea en cuestión. En lugar de ser este el inconveniente, es una forma fascinante de obtener información. Tenga un papel y un bolígrafo y escriba todas esas ideas. Puede volver a las ideas más tarde, y quién sabe, puede haber una gran idea que siempre estaba buscando o una solución a un problema que ha estado enfrentando durante mucho tiempo.

16. Escriba una lista de asignaciones completas (realizadas). Mucha gente está familiarizada con las listas de tareas. Sin embargo, estas listas pueden hacer que se sienta abrumado y desmoralizado como resultado si se mete demasiado en ellas. La lista de cosas hechas, por otro lado, proporciona el efecto de equilibrio. Al escribir todo lo que ha completado durante el día, se sentirá motivado para continuar.

17. Revise el objetivo. Todo el mundo tiene un objetivo o metas. Ya sea que estos objetivos sean pequeños o grandes, todos tenemos metas que deseamos alcanzar. Sin embargo, el ajetreo de la vida diaria a veces nos hacen perder el control. Así que necesita revisar sus metas y crear planes para alcanzar esas metas, poniendo su día en perspectiva y sabiendo lo que es importante.

Capítulo 3: Entrenar el cerebro para la rutina

La acumulación de hábitos está bien, pero ¿cómo entrena a su cerebro para aceptar la rutina? La respuesta es realizar las tareas agrupando las asignaciones en patrones. Comprobemos una estrategia que convierta una lista de cosas por hacer en un acto inconsciente. A medida que envejecemos, podamos las sinapsis de las conductas que ya no están en uso, y fortalecemos las que están en uso. La acumulación de hábitos utiliza conexiones fuertes para desarrollar nuevos hábitos.

Somos lo que hacemos repetidamente. Esto hace que la excelencia no sea sólo un acto, sino un hábito. Eso es lo que Aristóteles solía decir. Grandes palabras de una gran persona, pero trate de ponerlas en práctica a las 7:00 a.m. cuando esté durmiendo la siesta o esté viendo lluvias torrenciales desde las ventanas de su oficina a las 5:00 p.m. y esté pensando firmemente cualquier posibilidad de una salida temprana.

Sin embargo, a veces las tareas pequeñas y molestas permanecen en la lista de cosas por hacer, y se convierten en un hábito tan natural como cepillarse los dientes o ponerse los calcetines. ¿Dónde encontramos respuestas a eso? Esta frase *acumulación de hábitos* fue enmarcada por S. J. Scott, quien es uno de los autores más vendidos del *Wall Street Journal*. El libro que escribió en 2014 se llama *Habit Stacking: 97 Pequeños Cambios de Vida que Toman Cinco Minutos o Menos* afirma que necesita construir rutinas alrededor de los hábitos que no necesitan esfuerzo. La razón es que las pequeñas victorias crean un impulso hacia mayores logros, ya que son fáciles de completar y recordar.

La acumulación de hábitos también se denomina a veces *encadenamiento de hábitos*. Se requiere que agrupe pequeñas actividades y desarrolle una rutina que luego se relacione con un hábito ya establecido en el día. Esto hace que la rutina sea memorable y ancla los nuevos hábitos a los desencadenantes existentes. O en palabras sencillas, use las cosas que ya recuerda para recordarle que debe realizar alguna otra tarea, como leer un solo capítulo de un libro cuando esté en la cama.

Esta estrategia funciona ya que elimina la dilación y en su

lugar hace una rutina práctica de las cosas que solía dejar para más tarde. ¿Nunca se acordó de usar hilo dental después de lavarse la boca? Trabaje dentro de los hábitos existentes diciendo que debe usar hilo dental antes de cepillarse los dientes. Asumiendo que está recordando la actividad original. De lo contrario, colóquelo en la lista de comprobación que se discutió en los capítulos anteriores.

El recorte sináptico está sucediendo con cada hábito que adquiere o construye a medida que el cerebro construye una red sólida de neuronas para apoyar su comportamiento existente. Cuanto más hace algo, más eficientes y fuertes se vuelven sus conexiones neuronales. James Clear argumenta que la persona se aprovecha de los fuertes hábitos y conexiones que da por sentado todos los días para crear nuevos hábitos. En caso de que todo esto suene difícil, trate de dividir los hábitos en pequeños trozos de cinco minutos. Esto le permite completar múltiples tareas cada día, y durante la semana, se suma un tiempo de media hora. Por ejemplo, una serie de hábitos puede tener este aspecto:

·Despierte por la mañana.
·Cinco minutos de meditación.
·Tome vitaminas.
· Cinco minutos de ejercicios abdominales.
·Cepíllese los dientes.
·Usar hilo dental.
·Hacer el desayuno.
· Vaciar el cubo de la ropa en la lavadora.
· Llamar a su madre durante la caminata a la ducha.

¿Se ha hecho una idea? Y en caso de que no sea una persona mañanera, no se preocupe. No es la lista que necesita dominar al principio. Scott recomienda que cree series para los últimos minutos de trabajo, que lo prepararán para la mañana siguiente. O puede compilar una cadena de hábitos de veinte minutos al llegar a casa para poder tachar las cosas de la lista, como el vestuario o la planificación de las comidas.

Scott también sugirió que haga una serie de ejercicios que le dará un entrenamiento eficiente y condensado, haciendo así que el ejercicio sea menos intimidante. Aunque comprometerse a una carrera de media hora puede parecer inverosímil, veinte minutos para hacer cinco cosas es definitivamente plausible. La investigación ha dejado claro que toma de veintiuno a cuarenta días para desarrollar un hábito, así que lo que parece inalcanzable y confuso ahora puede ser su rutina matutina en un lapso de tres semanas. Consulte a Aristóteles si tiene alguna duda.

Capítulo 4: Construyendo una Rutina de Acumulación de Hábitos: 13 Pasos Fáciles

Todos somos conscientes de que no es fácil añadir varios hábitos nuevos a su rutina diaria. Sin embargo, es posible que no se dé cuenta de que es bastante fácil construir una sola rutina que sea nueva. Siga leyendo para ver algunos pasos para convertir los pequeños hábitos positivos en una secuencia de tareas fáciles de completar. La acumulación de hábitos no es otra cosa que una estrategia que se puede utilizar para agrupar pequeños cambios en una sola rutina que se puede seguir diariamente.

El secreto de la consistencia es tratar la serie de hábitos como una sola acción en lugar de como una serie de tareas independientes. Esto puede parecer una cosa simple, pero los hábitos de construcción necesitan varios elementos si desea

que los hábitos se mantengan. Aquí hay algunos ejemplos:
- · Programar el tiempo para realizar una tarea
- ·Identificar el desencadenante o estímulo
- · Planear lo que va a hacer para terminar la acción

El punto es que, en caso de que haya tratado cada componente de una serie como una acción independiente, entonces también necesitará tener un recordatorio en su lugar y hacer un seguimiento de cada comportamiento que pueda ser abrumadoramente rápido. Pero si trata toda la rutina como un solo hábito, entonces se vuelve más fácil de recordar y completar consistentemente. La acumulación de hábitos es abrumadora al principio, pero una vez que comienza y lo hace unas cuantas veces, no es tan difícil. La clave es comenzar con pocas expectativas y luego construir la memoria muscular para completar la rutina, y luego agregar más tareas a la rutina cuando se haya vuelto consistente. Veremos cómo hacerlo ahora.

Lo que está a punto de descubrir es un proceso comprobado para construir hábitos permanentes. Es un proceso simple y directo que no lo dejará sintiéndose abrumado. En caso de que siga de cerca y termine los pasos, descubrirá que vas a desarrollar cambios duraderos en su vida. Déjanos verlos:

Paso 1: Comience con un bloque de 5 minutos. La manera más fácil de adherirse a un nuevo hábito es hacerlo estúpidamente simple y fácil de completar. Esta es una valiosa lección que se puede aprender del libro de Stephen Guise *Mini Habits*. Por ejemplo, si desea escribir cada día, entonces debe hacer una regla que diga que escribirá sólo un párrafo cada día. Claro que puede hacer mucho más que eso, pero siempre y cuando haya terminado la tarea, puede considerarla como una tarea completada para el día. La idea básica es establecer metas fáciles de alcanzar que superen la inercia. Luego, a medida que comience, comenzará a tener un mejor desempeño y a hacer más trabajo del que se había planeado inicialmente.

Se recomienda encarecidamente aplicar mini hábitos a las series. Al principio, el factor más importante es la consistencia. Esta es la razón por la cual necesita comenzar con cinco minutos en los cuales escoge sólo uno o dos hábitos y luego agrega más a medida que la rutina se convierte en un proceso automático. Algunas personas pueden sentir que esto no es suficiente para lograr algo grande. Siga leyendo y descubrirá que la serie de once hábitos que se detalla en el capítulo ejemplifica cuatro hábitos que sólo tardan cinco minutos en completarse. No está mal, ¿verdad? ¿Para un bloque de tiempo reducido? Aparte de esto, hay docenas de hábitos mencionados en las partes posteriores del capítulo y que duran sólo uno o dos minutos. Así que, aunque una serie de cinco minutos no parezca mucho, se sorprenderá de cuánta actividad se puede realizar en un período tan corto.

Paso 2: Concéntrese en las ganancias pequeñas y fáciles. Siempre construya su rutina con hábitos que no requieran mucho esfuerzo. Estas pequeñas victorias crearán un impulso emocional ya que son fáciles de recordar y terminar. Por pequeñas victorias son acciones que no necesitan mucha fuerza de voluntad. Por ejemplo, tomar pastillas vitamínicas, pesarse, llenar una botella de agua para el trabajo o simplemente revisar sus metas. Sí, son tareas increíblemente sencillas, pero ese es el punto. Debe comenzar con estas actividades que realmente no necesitan ningún esfuerzo. Eliminarán las posibilidades de que se salte un día porque está abrumado o porque generalmente está ocupado. Puede encontrar las categorías de siete objetivos en la segunda parte del libro de Scott. Puede encontrar acciones que son fáciles de completar, como las que necesitan menos de dos minutos para terminar, luego construya su serie alrededor de estas acciones. Concéntrese en estas tareas durante una o dos semanas hasta que sea automático. Sólo después de esto debe añadir hábitos a la rutina.

Paso 3: Escoja el lugar y la hora. Cada serie de hábitos necesita anclarse a un desencadenante, que está relacionado con una hora del día, un lugar o una combinación de ambos. Veamos algunas acciones que pueden usarse como pistas para completar series específicas.

·**En casa por la mañana.** Terminar la rutina de la mañana tan pronto como pueda asegurarse de que comienza el día de una gran manera, ya que comenzará de una manera energética. Puede terminar una serie de actividades de una serie que tendrá un impacto positivo en su vida. Esta energía se traslada a las tareas más importantes, que marcarán el inicio de la jornada laboral. Estos pequeños hábitos podrían ser la meditación, revisar las metas, recitar afirmaciones, leer libros de no ficción o beber un jugo o batido nutritivo.

· **Por la mañana en el trabajo.** Cuando vaya a la oficina todas las mañanas, en lugar de limitarse a revisar el correo electrónico o las redes sociales como la mayoría de las personas, maximice el primer período creando un entorno que le permita concentrarse en las tareas de alto nivel. Las tareas más pequeñas incluyen identificar las tres tareas prioritarias del día, decidir los siguientes pasos de sus proyectos de alta prioridad, eliminar las distracciones no deseadas y luego comenzar el día con la tarea más difícil del día.

· **En la pausa del almuerzo en el trabajo.** El descanso para almorzar es aproximadamente a la mitad del día de trabajo y es un buen momento para terminar una serie. Ya ha trabajado durante unas horas y, como resultado, está sintiendo una reducción en los niveles de energía. La mejor manera de superar el estado negativo es comiendo un almuerzo rápido en el escritorio (justo antes o después de la serie) y luego completar las series que lo prepararán para el resto de la tarde. Estos pequeños hábitos pueden ser la meditación, dar un paseo, hacer un pequeño ejercicio de siete minutos, llamar a un socio responsable o terminar un ejercicio en la rutina de escritorio.

· **Al final de la jornada laboral.** Los últimos minutos del día de trabajo es un período perfecto para completar una serie, ya que le prepara para ganar al día siguiente cuando venga a trabajar o después del fin de semana. Ha estado trabajando todo el día, así que con el final de la rutina diaria, puede irse sintiéndose positivo sobre lo que ha logrado durante el día. Estos pequeños hábitos podrían ser escribir un diario, identificar el trabajo importante de mañana, o hacer un seguimiento de la cantidad de tiempo que pasa en cada actividad del día.

· **Temprano en la noche en casa.** Puede ser bastante productivo en el tiempo cuando está llegando a casa y antes de ir a dormir. De hecho, esta es una oportunidad perfecta para trabajar en aquellas cosas personales y pequeñas que son importantes para la persona pero que nunca han sido lo suficientemente urgentes como para exigir su atención. Estos pequeños hábitos podrían ser practicar alguna habilidad, revisar sus gastos, planear comidas para la semana, o reorganizar ciertas áreas de su casa.

· **En el gimnasio o en el lugar donde hace ejercicio.** Sí, puede agregar series incluso a las rutinas de ejercicio. De hecho, crear una rutina para el entrenamiento le ayudará a completar los ejercicios importantes en un período corto. Aunque el ejercicio no es un bien común, hay varios hábitos que pueden ayudarle con la actividad. Estos son beber un suplemento vitamínico, estirarse, pesarse, grabar métricas de las estadísticas de entrenamiento o crear una lista de reproducción con sus canciones o podcasts favoritos.

Paso 4: Anclar la Serie a un Desencadenante La palabra *desencadenante* tiene muchos significados para muchas personas. En este caso, la definición de *desencadenante* es una señal que utiliza uno de los cinco sentidos (sonido, vista, olfato, gusto o tacto) para actuar como recordatorio y completar acciones específicas. Los desencadenantes son importantes porque la mayoría de las personas no recuerdan un gran número de tareas sin ningún recordatorio. Así que el desencadenante puede empujarle a tomar acción. Por ejemplo, varias personas utilizan despertadores o teléfonos móviles como desencadenantes para despertarlos por las mañanas.

Hay dos tipos básicos de desencadenantes. El primero es un desencadenante externo, como una notificación de pulsación o una alarma de teléfono celular o una nota de Post-it en el refrigerador. Los desencadenantes externos tienen éxito porque desarrollan una respuesta Pavloviana en la que, por ejemplo, cuando se activa una alarma, se completa una actividad específica. El segundo tipo de desencadenante es el interno. Los ejemplos de desencadenantes internos incluyen pensamientos, sentimientos y emociones que la persona asocia con hábitos establecidos. Son como una comezón que necesita rascar.

Por ejemplo, en caso de que alguna vez haya sentido la necesidad de registrarse en las redes sociales, esta es una acción como resultado de desencadenantes internos. Es importante entender la diferencia entre los dos desencadenantes porque no sólo le ayudará a construir series de hábitos fuertes, sino que también le ayudará a superar los hábitos negativos que podrían estar restringiendo su crecimiento como ser humano. Veamos un ejemplo negativo.

Desencadenantes del Hábito (ejemplo negativo)

Como todos sabemos, hay varios sitios web de redes sociales populares, como Twitter, Facebook, Instagram y Pinterest. O los amas o los odias, pero se han convertido en una parte omnipresente de la cultura moderna. Pero, ¿cómo es que estos sitios se volvieron tan populares? Los cerebros detrás de los sitios entienden cómo funciona la mente humana. Así que han diseñado el sistema para enganchar a los usuarios permanentemente y pidiendo más.

En caso de que haya estado en alguno de los sitios de redes sociales, entonces probablemente ha notado que utilizan alertas para todo tipo de comportamiento. Cuando alguien comente, tweetee, le guste o comparta algo que una persona haya publicado, recibirá una notificación. Estos son estímulos visuales o auditivos o a veces ambos. Una señal se dispara en el cerebro, y su respuesta es similar a la de uno de los perros de Pávlov.

Los desencadenantes pueden volverse adictivos ya que actúan como una recompensa por publicar contenido que al público le gusta. De hecho, en un momento dado, el individuo se ha conectado a un sitio web de redes sociales sólo para comprobar lo que tus amigos piensan de un mensaje que ha actualizado. Esta exposición constante a las notificaciones crea un bucle de hábitos que Charles Duhigg analiza en su libro *The Power of Habit*. Se divide en tres acciones:

· *El estímulo.* Este es el recordatorio auditivo o visual para usar un sitio web de redes sociales.

- *Rutina.* El patrón que debe seguir para registrarse (abrir la aplicación o hacer clic en el sitio).
- *Recompensa.* El placer psicológico que se obtiene al usar el sitio (por ejemplo, por el hecho de que a alguien le guste su publicación).

Estos desencadenantes también pueden ser negativos cuando son responsables de un comportamiento permanente, como cuando la persona siente la necesidad compulsiva de revisar un sitio varias veces al día. De hecho, sin importar si está aburrido o no, sentirá un deseo inconsciente de entrar al buscador y revisar una red social, sin siquiera darse cuenta de que está adicto a ella.

Este es un ejemplo clásico de desencadenantes internos. Debido a la constante exposición a las redes sociales, se desarrolla un hábito permanente. Cuando está distraído o aburrido, puede tener un shot rápido de dopamina visitando su querido sitio web social. Lo que generalmente sucede es que lo que pensó que serían sólo unos pocos minutos resulta ser treinta minutos o más de mucho tiempo perdido.

Las organizaciones de tecnología usan desencadenantes externos todo el tiempo para crear y desarrollar estos desencadenantes internos. Así es como están construyendo su reserva de clientes leales. Son muy conscientes de que la exposición repetida a señales externas aumentará su uso general, especialmente cuando su producto es un escape de un día que de otra manera sería agotador y aburrido. Eventualmente, los usuarios acceden a sus productos cuando se sienten desmotivados.

Así que cuando cualquier producto proporciona una experiencia positiva (por ejemplo, una aplicación de presupuesto, como Mint), entonces se desarrolla para crear buenos hábitos. Sin embargo, si algún producto resulta ser perjudicial, como los videojuegos adictivos, entonces se desarrolla para crear malos hábitos. Puede leer un libro llamado *Hooked* escrito por Nir Eyal para una explicación detallada de cómo la tecnología está diseñada para aumentar el comportamiento adictivo y qué se puede hacer para identificar estos patrones en tu vida diaria y eliminarlos.

Necesita recordar que hay algo importante que aprender sobre los factores desencadenantes. De hecho, este conocimiento puede ser usado para construir hábitos positivos en su vida. Veamos el ejemplo positivo de los desencadenantes.

Desencadenantes del Hábito (ejemplo positivo)

Se recomienda que cree un desencadenante para cada rutina de acumulación de hábitos. Por ejemplo, coloque el hilo dental en algún lugar obvio dentro de su baño, posiblemente justo al lado del cepillo de dientes. Esto actuará como un recordatorio visual para usar el hilo dental después de cepillarse los dientes. Podría ser antes o después de cepillarse los dientes. Este es sólo un ejemplo de desencadenantes. En caso de que esté creando desencadenantes para las series de hábitos, entonces se recomienda que mantenga cuatro cosas en su mente:

1. El desencadenante debe ser un hábito existente. Tiene que ser una acción que se realiza automáticamente todos los días, como lavarse los dientes, ducharse, ir al refrigerador, revisar el teléfono móvil o sentarse en el escritorio. Esto es tan significativo porque tiene que estar 100 por ciento seguro de que no se perderá el recordatorio.

2. Una hora específica del día puede ser el detonante. El recordatorio de cualquier hábito también puede ser una hora específica del día, como la hora a la que se despierta por la

mañana o a la que almuerza o incluso a la que se va de la oficina después de terminar el trabajo diario. Una vez más, cualquiera que sea el momento que elija, tiene que ser un hábito automático suyo.

3.El desencadenante debe ser fácil de completar. En el caso de que la acción sea un reto, aunque la realice todos los días, está disminuyendo la eficacia del desencadenante. Por ejemplo, aunque haga ejercicio diariamente, es un error utilizarlo como detonante, ya que es probable que se lo pierda en ocasiones extrañas.

4.El desencadenante no debe ser un nuevo hábito. Toma de veintiuno a sesenta y seis días para desarrollar hábitos permanentes. Muchas veces, es aún más largo para los que son muy desafiantes. Por lo tanto, no es necesario que elija nuevos hábitos como desencadenantes, ya que no está 100% seguro de que lo hará todos los días de manera consistente.

Estas son sólo algunas de las reglas generales para elegir los detonadores o desencadenantes. Para simplificar aún más las cosas, se recomienda que practique algunos de los siguientes hábitos, ya que, con toda probabilidad, los hace a diario:

·Cepillarse los dientes.
·Desayunar.
·Almorzar.
·Cenar.
· Entrar en el coche para ir a trabajar.
· Llegar a la oficina o al lugar de trabajo.
· Encender su portátil o computador de escritorio por las mañanas.
·Salir de su oficina.
· Caminar dentro de la casa después de regresar del trabajo.
· Crear una alarma de teléfono móvil para una hora específica.

· Mantener recordatorios visuales en lugares clave, como el escritorio, el televisor o el refrigerador.

Como puede observar, hay muchos tipos de desencadenantes que pueden actuar como recordatorios para la serie. En realidad, el método más fácil para escoger uno es hacer coincidir el desencadenante con el primer hábito de la serie. La idea aquí es desarrollar un desencadenante que lo empuje a la acción, y luego puede usar la lista de verificación para navegar a través del resto de las actividades pequeñas. Así que vamos a ver qué sigue.

Paso 5: Cree Listas de Comprobación Lógicas. Las listas de comprobación son las partes más significativas de cualquier serie. Debe incluir la serie de acciones, cuánto tiempo tomará completar cada actividad, y dónde las llevará a cabo. Se admite que es un poco obsesivo tener toda esta información; sin embargo, eliminará todas las conjeturas sobre lo que se requiere para completar acciones específicas. Hemos discutido las listas de control anteriormente, así que no perderemos el tiempo volviéndolas a repasar. Basta mencionar que hay que poner las pequeñas acciones juntas de manera que fluyan sin esfuerzo entre sí y no haya desperdicio.

Paso 6: Rendición de cuentas. La mayoría de la gente habría oído hablar de la ley de la inercia. También es conocida como la primera ley de movimiento de Newton. Aquí, en caso de que no haya oído hablar de ello: "Un objeto en reposo permanece en reposo, y un objeto en movimiento se mantiene en movimiento con la misma velocidad y en la misma dirección a menos que sea movido por una fuerza desequilibrada." En otras palabras, en caso de que su tendencia natural sea quedarse antes de empezar el día, necesita un empujón adicional para ponerse en acción. La mayoría de las personas a menudo no logran crear hábitos, ya que es mucho más fácil descansar que hacer algo creativo y potencialmente desagradable. De hecho, lo más importante que hay que entender es que hay que ser responsable para cumplir con los objetivos principales.

No basta con hacer compromisos personales. Los grandes logros en la vida necesitan un plan de acción sólido y una red de apoyo en la que apoyarse cuando se superen los obstáculos. Esto también es cierto en el mundo de los negocios y para el desarrollo personal. Si tiene a alguien que lo animará o le dará una patada en el trasero si no está actuando, es menos probable que se rinda. Hay una serie de métodos para ser responsable, como publicar su progreso en redes sociales, contarles a las personas cercanas acerca de las nuevas rutinas, o incluso castigarse por no mantenerse enfocado en las metas usando aplicaciones como Beeminder.

Hay dos técnicas que pueden ser usadas para construir nuevos hábitos. El primero es Coach.me. Es una herramienta fantástica para mantener y seguir nuevos hábitos. Es similar a tener un entrenador en los bolsillos tanto para bien como para mal. La persona será responsable de su rutina de acumulación de hábitos con la adición de hábitos y verificando todos los días si el hábito ha sido completado. El hecho mismo de que tenga que informar a la gente sobre el progreso que está haciendo en una tarea determinada es una motivación suficiente para completar la rutina de acumular hábitos.

La segunda técnica es tener un socio que rinda cuentas. Puede compartir con él sus desafíos, avances y planes futuros. Este, de hecho, es un gran método para obtener una patada en el trasero cuando siente que está perdiendo la motivación. Tendrá a alguien en quien confiar cuando haya un desafío que requiera de una segunda opinión. En caso de que esté buscando encontrar tales socios que lo hagan hacerse responsable, entonces asegúrese de buscar en un grupo de Facebook llamado HabitsGroup.com. Cuenta con más de mil miembros. Cada mes, crean un hilo en el cual los miembros pueden conectarse entre sí y eventualmente convertirse en socios responsables.

Paso 7: Haga Recompensas Pequeñas y Agradables. Completar la rutina de acumulación de hábitos puede calificarse como un logro, por lo que debe ser recompensado. Permitirse una recompensa por el logro es un gran motivador para terminar la rutina diaria. Esto incluye cualquier cosa, desde ver sus programas de televisión favoritos, comer bocadillos saludables o incluso relajarse durante algún tiempo. En realidad, la recompensa puede ser cualquier cosa que disfrute haciendo con frecuencia. El único consejo aquí es que debe evitar recompensas que eliminen el beneficio logrado a través de un cierto hábito. Por ejemplo, en caso de que haya completado pequeñas acciones para perder peso, entonces su recompensa no puede ser un pastel de chocolate de 400 calorías, ya que derrota el logro de la serie, ¿verdad? Hay varias cosas con las que puede recompensarse. Para algunas ideas, puede leer algunas de las entradas del blog aquí: https://www.developgoodhabits.com/reward-yourself/.

Paso 8: Concéntrese en la Repetición. La repetición es clave durante las primeras semanas mientras se construye una serie. Es crítico que se aferre a una rutina incluso cuando a veces se ve forzado a saltarse una o dos de sus actividades. La consistencia es más importante que nada, ya que la repetición aumenta la memoria muscular. Y cuando termina las varias rutinas a menudo, se convierten en una parte integral de su día, como el cepillado de sus dientes.

Habiendo dicho todo eso, no es el fin del mundo si se pierde la rutina en días ocasionales. Puede pasarle a la mayoría. Sin embargo, nunca debe faltar dos días seguidos. Esto crea un paso resbaladizo, y cada vez es más fácil perder más días. Si pierde la rutina a menudo, es una certeza que abandonará la rutina después de un tiempo. Esto, por cierto, nos lleva a otro consejo.

Paso 9: No Romper la Cadena. Hay muchas historias sobre hábitos flotando por ahí. Uno de los más interesantes es el del popular comediante Jerry Seinfeld. Mientras hablaba con un nuevo comediante, Seinfeld le dio consejos sencillos: reserve un poco de tiempo todos los días para desarrollar nuevo material. La clave es no perderse ni un solo día, incluso cuando no se está de humor. Esto corre el riesgo de sonar familiar.

A principios de año, Seinfeld cuelga un calendario en la pared y hace una gran X cada vez que escribe material cómico nuevo. No hay necesidad de escribir mucho cada día. Lo que es más importante es que cada día haga algo sin falta. Está completamente concentrado en no romper la cadena. Al hacer las marcas con X en el calendario, se está animando a completar las tareas deseadas todos los días. A medida que la cadena ininterrumpida de marcas X crece en el calendario, sentirá más compulsión por superar la resistencia inicial y forzarse a seguir adelante.

La razón de no romper la cadena es para eliminar las excusas. Muchas veces es fácil imaginar razones creativas para no empezar a trabajar en una serie. Estar ocupado, cansado, enfermo, abrumado, con resaca o deprimido. Todas estas son razones válidas para saltarse la rutina. Sin embargo, en caso de que siga perdiendo la rutina en los días siguientes, se convierte en una razón para perderla siempre que le apetezca.

El consejo aquí es simple. Cree un objetivo práctico diario que se pueda alcanzar sin importar lo que suceda, y no se permita hablar de ello. Es posible que termine estableciendo metas más pequeñas que pueda lograr en dos o tres acciones. La parte importante es establecer metas que puedan ser alcanzadas incluso cuando está teniendo un mal día.

Paso 10: No Está Mal Esperar Algunos Reveses. Puede esperar algunos reveses o desafíos incluso para los hábitos más consistentes. De hecho, cuando ha hecho algo durante mucho tiempo, está garantizado que habrá momentos en los que recibirá reveses inesperados. Por ejemplo, el escritor Scott ha sido corredor desde 1990. Si hace los cálculos, estará viendo veintiocho años de carreras de distancia. En casi treinta años de hábito de ejercicio, ha experimentado una serie de reveses, incluyendo aburrimiento, enfermedades extrañas, lesiones múltiples, ataques de perros, incidentes de peatones y accidentes automovilísticos que ponen en peligro la vida.

Como bien se puede imaginar, estos incidentes han supuesto un reto para la rutina diaria y, sobre todo, para la parte de consistencia de la rutina que tiene un solo hábito. Sin embargo, el exitoso autor dice que le ha enseñado la importancia de la resiliencia y de aferrarse a algo a pesar de estar experimentando reveses. Él llegará a decir que los reveses son buenos porque enseñan resiliencia y ayudan a ser no frágil. Esto es discutido en detalle por Nassim Taleb en su libro *Antifragile*.

La conclusión es que se puede esperar que los desafíos aumenten debido a la rutina. Siempre que lo hagan, tendrá una de las dos opciones: darse por vencido o encontrar una manera de superar los desafíos. Con suerte, intentará superar los desafíos. Si lo hace, se recomienda que consulte el capítulo 12 del libro de Scott.

Paso 11: Programar la Frecuencia de la Serie Como se

describió anteriormente, se requiere que algunas series se completen de manera irregular -diariamente, semanalmente o mensualmente. Al principio, necesita comenzar con pequeños hábitos diarios. Sin embargo, a medida que se sienta cómodo con la estrategia, se recomienda que cree series separadas para objetivos diarios, mensuales o semanales.

Lo ideal es que estas series sean hábitos de control, que sabe que son importantes pero que son demasiado fáciles de olvidar, como revisar los estados de cuenta de la tarjeta de crédito, planificar sus actividades divertidas o completar las comprobaciones de seguridad. Al colocarlos en actividades programadas rutinariamente, se asegurará de que estas tareas estén terminadas sin que pesen sobre su conciencia como otra actividad que no ha completado.

Paso 12: Ampliación de las Series Vuelva al primer paso del procedimiento. Comience con un bloque de sólo cinco minutos. En caso de que pueda proporcionar sólo una cantidad limitada de tiempo a una determinada serie, entonces no es posible obtener valor de ella. Por eso se recomienda que construya una serie de treinta minutos, que puede contener seis bloques de cinco minutos. Haga esto de manera incremental. En la primera semana, la rutina durará sólo cinco minutos. La segunda semana, durará diez minutos. Entonces serán quince minutos para la tercera. Siga repitiendo el proceso hasta que la rutina sea de treinta minutos teniendo un puñado de pequeñas acciones.

Esta ampliación no significa agregar al azar un rollo de pequeños hábitos en la rutina. Más bien, necesita asegurarse de que está terminando la rutina consistentemente y de que no espera ninguna resistencia a la actividad. No ignore los sentimientos de estar aburrido, estresado o abrumado cuando se relaciona con las series. En caso de que note que es cada vez más difícil comenzar (por ejemplo, cuando está postergando las cosas), entonces es el momento de reducir los bloques o empezar a preguntarse por qué desea saltarse un día. Cuanto más entienda sobre la falta de motivación, más fácil será superarla.

Paso 13: Construya una serie a la vez. Uno de los mayores temas de debate es el tiempo que se tarda en construir hábitos permanentes. Mucha gente dice que tardará veintiún días, y otros dirán que tardará unos meses. De hecho, en una investigación publicada en la *Revista Europea de Psicología Social*, Philippa Lally estableció que se tarda entre 18 y 254 días para que alguna acción se convierta en un hábito permanente, con un promedio de 66 días. Lo que hay que recordar es que no se debe tratar de crear más de un hábito a la vez, ya que cada nueva adición hará más difícil mantener la serie existente.

En realidad, el único momento en que se considera la posibilidad de añadir un nuevo hábito es cuando se deja de pensar en los hábitos como hábitos. Más bien, es lo que se hace cada día sin pensar en cómo y por qué está realizando la actividad. Una vez que se da cuenta de que la serie existente se ha convertido en un comportamiento permanente, entonces lo que puede hacer es añadir nuevos hábitos a la rutina diaria. No hay un calendario recomendado para esto. Más bien, la respuesta variará de persona a persona.

Ahí tiene trece pasos para construir una rutina exitosa de acumulación de hábitos. En caso de que siga estos pasos, podrá identificar las pequeñas acciones significativas y colocarlas en un marco lógico y luego terminarlas una por una con detonantes o estímulos únicos.

Capítulo 5: Falacia de la Planificación y sus Efectos en la Gestión de Tiempos

Aprendamos sobre la falacia de la planificación y cómo descarrila sus esfuerzos de administración del tiempo. Hay muchos momentos en los que se encontrarán corriendo por el trabajo en el último minuto para cumplir con la fecha límite. ¿Se da cuenta a menudo de que termina terminando los proyectos después de que la fecha prometida ha expirado? ¿Ha defraudado a la gente porque no hay tiempo suficiente para cumplir con todas sus obligaciones? ¿Todas estas preguntas le suenan familiares? Si lo hacen, entonces se ha convertido en una víctima de la mentalidad de la falacia de la planificación, y probablemente ni siquiera es consciente de ello. Ahora veremos qué es la falacia de la planificación y le diremos las formas de reconocerla. También veremos las formas de superarlo y lograr sus objetivos.

¿Qué es esto?

La falacia de la planificación es un fenómeno universal y uno de los sesgos cognitivos más consistentemente demostrados que tienen las personas. En caso de que se subestime la cantidad de tiempo requerido para completar un proyecto en el que está trabajando o completar el embalaje antes de ir de viaje, entonces ha caído en la trampa de la falacia de la planificación. Sin embargo, es un concepto erróneo común que la falacia de la planificación sólo se refiere a la tendencia de uno a subestimar el tiempo. También se refiere al costo y al factor de riesgo que se debe tener en cuenta cuando se está haciendo algo, aunque se tenga el conocimiento o la experiencia previa de hacer las cosas necesarias para la tarea en cuestión. Se refiere a los planes excesivamente optimistas que se acercan irrazonablemente a los mejores escenarios.

La falacia fue propuesta por primera vez por Amos Tversky y Daniel Kahneman en el año 1977. En su trabajo de investigación, explicaron los resultados de la falacia de la planificación debido a la inclinación a ignorar los datos de distribución disponibles y predecir el resultado del proyecto basado en elementos específicos de los planes de alguien. El enfoque interno de la evaluación de la planificación de cualquier persona tiende a dar lugar a la subestimación de los planes. Por ejemplo, una casa puede ser construida en el tiempo estimado sólo si no hay fechas de retraso de materiales, no hay condiciones climáticas peligrosas, no hay ausencia del empleador, etc. Aunque es poco probable que ocurran todos los obstáculos, es muy probable que ocurra al menos uno de ellos. Pero la gente no considera estos escenarios, y esta es la razón por la que a veces subestiman la tarea en cuestión. Una manera más razonable es establecer un calendario adecuado para un proyecto preguntándose: "¿Cuánto tiempo han durado proyectos como este en el pasado?

Impacto de la Falacia de la Planificación en la Gestión del Tiempo

Subestimar el tiempo requerido para terminar ciertas tareas afecta la manera en que manejamos el tiempo. Esto, si no se hace con precisión, puede negar sus planes. Esto puede empezar a complicarse fácilmente con cada pequeña tarea. En caso de que tenga cinco pequeñas tareas que necesite completar para terminar un proyecto y subestime el tiempo requerido para completar cada tarea, es más que probable que la finalización del proyecto se retrase mucho.

Aunque es genial ser optimista y tener buena calidad la mayor parte del tiempo cuando se estiman los requerimientos de tiempo para terminar las tareas, las estimaciones optimistas pueden causar problemas. La gente a menudo juzga mal el tiempo requerido para terminar una tarea y minan la cantidad de tiempo requerido para hacer la tarea.

La gente a menudo tiende a postergar cuando piensa que tiene un poco de tiempo para terminar ciertas tareas de un proyecto y luego, como resultado, tienden a poner excusas al final. Es un hábito estándar que la gente posponga las tareas que necesita hacer hasta el último momento. Hay razones para ello, ya que hay varias distracciones o incapacidad para resistirse a cosas que se sienten como tareas domésticas. De cualquier manera, en caso de que esté tratando de manejar el tiempo de manera útil, es importante que se mantenga en el horario previsto. Permitir contingencias no planificadas y reconocer el sesgo optimista al considerar los plazos nos ayudará a evitar postergar las cosas.

Evite la Falacia de la Planificación

1. Reconozca el hecho de que todos son susceptibles a la falacia de la planificación, incluido su persona: Todo el mundo cae en la trampa de la falacia de la planificación en algún momento. Hacer predicciones sobre el trabajo futuro es algo que todo el mundo hace todos los días. Necesita estimar todo, desde completar los aspectos rutinarios alrededor de la casa hasta cuándo terminará un proyecto grande para un cliente importante. Tenga en cuenta estas cosas al priorizar y planificar las tareas y al programar sus actividades.

**2. Lleve la visión de "forastero" hacia el proyecto y

averigüe el tiempo que tardó la última vez que completó una tarea similar: Siempre sea honesto al respecto. A la gente no le gusta recordar las dificultades a las que se enfrentaron en los proyectos anteriores, pero no quiere repetir los errores, ¿verdad? Por lo tanto, debe recordar los problemas y obstáculos con los que se topó en el pasado mientras realizaba las tareas que tenía entre manos. Además, fíjese en lo lejos que le ponen estos obstáculos. De todos modos, para referencia futura, es una buena idea hacer un seguimiento de su tiempo mientras hace cosas que sabe que tendrá que hacer de nuevo. Esto le ayudará a tener una estimación más realista del tiempo requerido para tareas específicas. Recuerde mantener el optimismo bajo control y le ayudará a manejar las expectativas de productividad.

3. Considere el tiempo requerido y el lugar donde necesita completar la actividad: De este modo, definirá sus actividades. Después de esto, puede incorporar toda la información que conozca en el proceso de planificación. Piensa en los problemas que se presentaron en el momento y lugar que se decidió. Por ejemplo, está conociendo a algunas personas para completar un proyecto para la biblioteca central. Debido a que un gran número de personas también se encuentran en el mismo lugar, tendrá que dar tiempo para aparcar, encontrar el área correcta en la biblioteca para trabajar sin distracciones y la posibilidad de que la gente llegue tarde debido al tráfico.

4. Tenga en cuenta los problemas o complicaciones inesperadas: Los problemas inesperados no significan necesariamente que su proyecto se descarrile totalmente. Sin embargo, se le pedirá que cambie la estrategia o la planificación de alguna manera que se adapte al problema. Haga una lluvia de ideas sobre al menos tres posibles problemas antes de asignar un marco de tiempo a la fecha límite proyectada. Debe tener en cuenta que en un proyecto se producirán obstáculos.

5. Desembale las tareas: Mientras hace predicciones, recuerde prestar atención minuciosa a los pasos que deberá dar y no sólo al resultado de las tareas. Piense en cada uno de los componentes que intervienen en el proceso y proporcione tiempo suficiente para que se complete. Esto le dará a conocer todo lo que necesita hacer para completar el proyecto, incluyendo las cosas aparentemente triviales que toman tiempo en las etapas anteriores y que podría olvidarse de considerar.

6. Calcule el tiempo de finalización del proyecto en semanas en lugar de días para las tareas más largas y grandes: Al hacer esto, se está permitiendo un poco de protección para las cosas inesperadas que puedan surgir. En caso de que estime el tiempo en días y no pueda trabajar en un solo día, toda su planificación se verá retrasada. Sin embargo, cuando se haya permitido una semana entera para completar uno o dos componentes del proyecto, tendrá mucha más clemencia hacia los temas que surjan.

7. Guarde un poco de tiempo para los factores que afectan y amplifican la falacia de la planificación: Uno de los factores son los "incentivos". Promete terminar algo rápidamente con la expectativa de una recompensa. Digamos que hay un bono financiero para el individuo en caso de que termine el proyecto en una fecha determinada, el cual es irrazonablemente corto del tiempo real necesario. Con la motivación financiera añadida, la persona aceptará un plazo de entrega más corto, pensando que encontrará una forma de hacerlo. Sin embargo, esto resulta ser una suposición falsa, ya que no se está pensando en todos los pasos necesarios en el proceso.

Hay otro factor que es "social". Una persona podría estar tratando de impresionar a su jefe o a un cliente importante completando un proyecto muy rápidamente, lo que le haría proporcionar un plazo de entrega demasiado optimista. Aunque es extremadamente tentador hacerlo, a la larga causa más problemas que beneficios.

8. Use palabras de tiempo-movimiento en lugar de palabras egoístas cuando se esté dando instrucciones a sí mismo y a los demás: Por ejemplo, utilice una frase "Sólo tiene tres horas para terminar esta tarea" en lugar de "Todavía tiene tres horas para terminar la tarea". Como puede ver, la oración anterior desarrolla un sentido de urgencia en lugar de hacerla sonar como si hubiera una línea de tiempo indefinida. Asegúrese de que se tenga en cuenta que la fecha límite es finita e inminente. Otro ejemplo es "A medida que se acercan las vacaciones…" en lugar de "A medida que nos acercamos a las vacaciones…". Esto elimina de la ecuación la idea de tener el control. Aunque puede sentir que tiene el control de cómo se aproxima a las vacaciones, en caso de que piense en ello como si las vacaciones se acercaran a su persona, se convierte en algo que no puede reducir la velocidad o detenerse.

9. Utilice técnicas de gestión del tiempo, como la técnica Pomodoro, para mantenerlo concentrado: Obtener una técnica de administración del tiempo que funcione para sí ayuda a ser más productivo. Esto mejorará sus posibilidades de llegar a una fecha límite. Por ejemplo, la técnica Pomodoro sugiere que debe trabajar muy concentrado por períodos cortos y luego tomar descansos. Por lo tanto, después de trabajar durante veinticinco minutos y de poner toda la atención en la tarea a realizar, la persona cederá durante cinco minutos y hará algunos estiramientos. Estas sesiones de trabajo profundo le ayudan a mantenerse concentrado, especialmente porque es consciente, en el fondo de su mente, de que hay una pequeña pausa para relajarse. Puede abordar algo que está sucediendo cuando se concentra en el trabajo.

10. Utilice los programas y la tecnología a su favor: En caso de que pueda aumentar la velocidad de trabajo sin sacrificar su calidad, hágalo. Aunque se sabe que la tecnología ralentiza a la gente, ya que puede ser una distracción, hay algunas herramientas excelentes que ofrece la tecnología para ayudarle a realizar el trabajo.

a. Herramientas de programación ofrecidas por las redes sociales: Hay muchas herramientas que puede descargar de Internet para ayudarle a organizar los medios de comunicación social de una manera que le ayudará a aprovecharlos rápidamente. Puede hacer que sus comentarios se manejen de manera sencilla o dejar a un lado algunas cosas importantes que tal vez desee leer más adelante. Puede usar una aplicación para ordenar las entradas por temas para que pueda discernir lo que lee.

b. Aprenda rápidamente usando Blinklist: Esta es una aplicación que proporciona resúmenes rápidos de libros de no ficción para que no haya necesidad de leerlo todo. Puede repasar los párrafos que sólo incluyen las ideas más valiosas del libro. Esto puede ahorrarle tiempo y dinero.

Conclusión

Entonces, ¿la falacia de la planificación le está retrasando? Bueno, caer en la mentalidad de la falacia de la planificación definitivamente retrasará su progreso hacia el logro de sus metas profesionales o personales. En caso de que sea capaz de identificar y abordar este problema antes de que se le haya ido de las manos, es menos probable que permita que influya en su éxito. La realidad es que nadie quiere ser identificado como una persona que llega continuamente tarde o que rompe constantemente sus promesas.

Aunque es muy importante tener confianza en sí mismo y en sus capacidades, también es importante ser realista. Manténgase seguro y optimista acerca de su desempeño, pero no exagere tratando de hacer de todo a la vez. La próxima vez que se le pregunte cuánto tiempo le llevará hacer algún trabajo, intente emular las estrategias mencionadas anteriormente antes de responder a la pregunta, ya que podrá proporcionar una predicción correcta sobre el tiempo necesario para completar la tarea.

Capítulo 6: Hábitos Fundamentales

En esta sección, veremos cuáles son los hábitos fundamentales y cómo construyen grandes rutinas. ¿Por qué los hábitos fundamentales son los más importantes que puede desarrollar? Llevan a la creación de varios buenos hábitos. Ellos son responsables de iniciar un efecto en cadena en su vida que produce muchos resultados positivos. Por ejemplo, digamos que su hábito fundamental es dormir ocho horas diarias por la noche. La meta inicial es tener más sueño, pero esto puede llevar a resultados positivos no intencionales como los siguientes:

· Ser más productivo cada día.
· Reducción del consumo de comida chatarra.
· Más tiempo para hacer ejercicio.
· Una mejor comunicación con su pareja, ya que no está de

mal humor.

Al principio, la persona deseaba dormir más, pero este hábito clave desarrolló una serie de hábitos. Los desarrollos de los hábitos clave tienen el potencial de convertirse en una parte crucial de su viaje de desarrollo personal. Hablemos sobre la incorporación de esta técnica en su estilo de vida. Veamos una lección de Charles Duhigg. Aprenderá mucho sobre los hábitos fundamentales en su libro titulado *The Power of Habit: Por Qué Hacemos lo que Hacemos en la Vida y en los Negocios*. En el libro, él habla sobre el desarrollo de hábitos fundamentales para lograr lo que se desea en la vida. No hay necesidad de cambiar una docena de hábitos para lograr sus objetivos. Sólo necesita cambiar algunos hábitos fundamentales que producirán un efecto dominó en los resultados.

Ahora veamos cómo le ayudan los hábitos fundamentales. El ejemplo perfecto es el hábito del ejercicio diario. Si desea comenzar a hacer ejercicio durante veinte o treinta minutos al día, sólo este buen hábito puede llevar a varios otros buenos hábitos, como comer alimentos saludables, volverse más eficiente en el trabajo o evitar la comida chatarra. Esto se debe a que necesita esa hora extra para usarla en su entrenamiento. Este único hábito de ejercicio puede crear grandes avances en otros aspectos de su vida. La persona comienza con una sola meta que causa el desarrollo de otros hábitos. Aquí hay algunos hábitos clave adicionales que pueden conducir a grandes avances en su vida:

1. Eliminar la Comunicación Intrapersonal Negativa: Veamos cómo puede evitar la comunicación intrapersonal negativa. Esto puede tener varios efectos positivos en su vida. Una vez que deje de hablar negativamente, comenzará a hablar positivamente, por consecuencia. Hay muchos libros disponibles incluso en línea para desarrollar una actitud positiva.

2. Evitar la mentalidad perfeccionista: La eliminación de la mentalidad perfeccionista ayuda a abrirse y experimentar cosas nuevas. Si es perfeccionista, no hace muchas cosas por miedo al fracaso. Hace que sea difícil seguir adelante con sus aspiraciones y sueños. Cuando se deja el hábito, le permite explorar más oportunidades, y luego empieza a dar pasos hacia lo que realmente quiere. Hay muchos libros que cambian esta mentalidad, disponibles también en Internet.

3. Elimine el hábito de dar excusas: Las cosas que realmente desea en la vida no caerán en su regazo por sí solas. Necesita dejar de poner excusas para conseguir las cosas que desea en su tiempo. Cuando deje este hábito, impactará en otros aspectos de su vida, al dejar de poner excusas por la falta de resultados. Es un gran avance, ya que comenzará a concentrarse en lograr resultados positivos. Lea los libros de desarrollo personal para más información.

4. Ahorre dinero: El haber ahorrado dinero le asegurará que tenga fondos de emergencia para cualquier evento imprevisto. Esto puede llevar a un estilo de vida más consciente de los gastos para sí mismo y su familia. Al ahorrar dinero, prestará mayor atención a los gastos triviales que hará en su vida. Muy a menudo esto terminará en la reducción del desorden en su vida. Puede desarrollar algunos grandes hábitos financieros en el proceso.

La Importancia de los Hábitos Fundamentales

Son eficaces porque se concentran en hacer cambios dinámicos en su vida. Es como producir un efecto de goteo. Pronto verá más oportunidades de auto-mejora a partir de los hábitos fundamentales que está formando. El éxito mediante el uso de los hábitos fundamentales se produce cuando se dan los primeros pasos. Al principio, haga una lista de todos los hábitos que desea desarrollar. Preste atención a aquellos que pueden añadir un efecto dominó a su vida. Luego concéntrese en desarrollar el hábito durante un período de los próximos treinta días. Se sorprenderá de cómo los pequeños cambios pueden generar varios resultados positivos.

Capítulo 7: Acabar con los Malos Hábitos

Aquí están los pasos que puede tomar para acabar con sus malos hábitos y dejar las adicciones sin tener esos antojos. Los hábitos gobiernan nuestra vida diaria. Casi todo lo que hace se basa en hábitos que ha desarrollado en algún momento de su vida. Algunos de ellos son útiles, pero otros trabajan en su contra. Lo que es aún peor es que algunos de los malos hábitos tendrán un impacto negativo a largo plazo en su capacidad de llevar una vida plena. Comer comida chatarra, fumar, acaparar o consumir demasiado alcohol son todos malos hábitos. Incluso pasar demasiado tiempo en la Internet es malo. A todos nos gustaría romper estos hábitos. Afortunadamente, es posible eliminar las rutinas negativas, ya que todo lo que necesita es un plan de acción. Aquí hay algunas estrategias para asegurar que se eliminen esos hábitos. Aprenderá a deshacerse de los malos

hábitos en cuatro fases:
1. Planificación para un cambio de hábitos.
2. Entender el proceso de formación de nuevos hábitos.
3. Creación de sistemas de apoyo.
4. Superar los desafíos.

Todas estas estrategias se basan unas en otras. Cuando termine de leer el capítulo, debe escoger su peor hábito y luego crear un plan para superarlo. Veamos la primera fase:

Fase 1: Planificación Para el Cambio de Hábitos

Antes de hacer cualquier cosa, necesita prepararse para el cambio de hábitos. Lo más probable es que haya tratado de romper este hábito en el pasado y haya fracasado, ya que no tenía un plan y dependía principalmente de la fuerza de voluntad. Si ha fracasado en el pasado, no significa que fracasará también en el futuro. Normalmente, es el resultado directo de no tener estrategias sólidas para romper el hábito. En otras palabras, no siguió el antiguo proverbio: "Cuando fallas en el plan, planeas fallar." Por lo tanto, antes de hacer nada, necesita implementar estas estrategias y asegurarse de que está en posición de tener éxito.

Estrategia 1: Concéntrese en un Solo Hábito a la Vez

Hay un término en psicología llamado *agotamiento del ego*, y significa que su fuerza de voluntad tiene una pequeña cantidad de energía cada día. Cuando se estira, se hace difícil controlar los impulsos. La fuerza de voluntad en cierto modo es como un músculo. Puede cansarse y desgastarse con mucho uso. En caso de que sus días estén llenos de estrés y batallas continuas para controlar sus emociones y pensamientos, entonces no tendrá la capacidad de resistir las tentaciones. ¿Afecta eso el desarrollo de hábitos? ¿Cómo?

Es muy sencillo. Si tratara de cambiar muchos hábitos al mismo tiempo, no tendría éxito. Cada hábito requiere una cierta cantidad de fuerza de voluntad para resistir, y como resultado, estará en un estado de agotamiento.La mayoría de las personas no tienen la fuerza de voluntad para concentrarse en muchos hábitos. Así que cuando está en un estado de agotamiento, se vuelve fácil abandonar todos los hábitos en lugar de sólo uno.

Estrategia 2: Asuma un Desafío de Cambio de Hábitos de 30 Días

Acepte el reto de cambiar un hábito en un período de treinta días. Es por eso que necesita un compromiso del 100 por ciento. La manera fácil de hacer esto es a través de un desafío de hábito de treinta días. En este desafío, se estructura toda la vida en torno a la realización de un único objetivo de hábito específico. Seguramente la persona hará otras cosas, pero una cantidad significativa de su tiempo y fuerza de voluntad será gastada en trabajar hacia este objetivo. A veces treinta días no son suficientes. Para los hábitos realmente desafiantes, como fumar y beber, necesita más tiempo para hacer que el cambio de hábito se mantenga. No tenga miedo de planear por más tiempo. No hay nada de malo en enfocarse en el objetivo por sesenta o noventa días.

Estrategia 3: Establecer una Fecha de Inicio

Fije una fecha de inicio para el desafío. "Pronto" o "la próxima semana" o "eventualmente", nunca sucederá. Simplemente escriba la fecha en la que comenzará el desafío de cambio de hábitos. Es importante tomar en serio el objetivo, así que tener un conteo regresivo le ayudará a mantenerse en el camino correcto. Además, necesita contarle a su familia y amigos acerca del desafío y obtener su apoyo. Tener una fecha de inicio genera energía y emoción para el desafío y el nuevo cambio. El objetivo es mejorar su vida dramáticamente, por lo que necesita sentirse energizado con el conteo regresivo.

Estrategia 4: Identificar la Meta

Eliminar los malos hábitos de su vida es como fijarse metas. No lo conseguirá sin tener en mente objetivos específicos junto con fechas límite. Por ejemplo, no puede decir: "Quiero comer más sano". Más bien, necesita identificar qué alimentos va a comer, qué evitar y el día en que estos cambios surtirán efecto. Así que un objetivo mejor será "A partir del 1 de diciembre, no comeré comida rápida en lugares como McDonald's o KFC. Más bien, comeré comida casera que combine vegetales con carbohidratos no refinados y proteínas magras". Vea cómo este objetivo tiene un plazo definido y un resultado específico. Para el 1 de diciembre, sabrá si está funcionando o no. Esa es la manera de establecer metas para romper los hábitos.

Estrategia 5: Evitar Soluciones Bruscas

Todas las soluciones bruscas y repentinas han sido intentadas anteriormente. Haga una promesa de que no volverá a escoger el mal hábito y vea que en pocos días está haciendo la rutina exacta que juró eliminar para siempre. Sin embargo, en algunas ocasiones éstos métodos pueden funcionar. Todos conocemos a personas que dejaron de fumar u otros vicios por una fuerza de voluntad grande, que no se rindieron. Sin embargo, detrás de cada historia de éxito, hay cientos de personas que intentaron soluciones bruscas regularmente sólo para fallar en cada intento. El principal problema de este método es el énfasis en la perfección. Muchas personas tienen una mentalidad negativa. Cometen un error y ya el resto del esfuerzo es llamado como un fracaso.

Nadie es perfecto. Tener metas de "nunca más" te deja sin espacio para cometer errores, al intentar eliminar el hábito que buscas eliminar. Todos nos desviamos de vez en cuando; por lo tanto, concentrarnos en la perfección no puede ser una forma de cambiar una rutina obstinada. Lo que es problemático es que este método de "nunca más" puede hacer que los malos hábitos empeoren aún más. Muchas veces, cuando la gente trabaja con objetivos de perfección del 100 por ciento, desarrollan una mentalidad negativa mientras cometen un error.

Tal como están las cosas, al hacer el mal hábito, ya han roto la regla de nunca más. Así que ahora subconscientemente deciden que como ya ha sucedido una vez, es probable que vuelva a suceder. Y el resultado es que la persona está más aferrada al mal hábito que nunca antes.

Estrategia 6: Establecer Algunas Métricas de Referencia

La forma más exitosa de hacer cambios permanentes es concentrarse en las mejoras incrementales diarias. El objetivo es alejarse de este hábito fijando objetivos en los que se reduzca constantemente el tiempo o la cantidad del mal hábito. El primer paso del proceso es establecer métricas de línea de base. Estos pueden variar con el hábito específico que se está tratando cambiar.

· El número de cigarrillos que fuma cada día.
· El número de veces que se muerde las uñas.
·Su peso actual.
· Cuántas bebidas consume al salir.
· El número de calorías que quema cada día.
· La cantidad de tiempo que pasa viendo la televisión.
· La cantidad de tiempo que pasa navegando por la Internet o en Facebook.

Estrategia 7: Desarrolle Metas Incrementales

Como se describió anteriormente, dejar de fumar de golpe no es realista a largo plazo. Más bien, concéntrese en metas incrementales, en cuyo caso la persona se aleja lentamente del mal hábito. Por ejemplo, supongamos que una persona fuma veinte cigarrillos todos los días. Cuando esa persona está pensando en cambiar este mal hábito, el objetivo final es salir de la mala práctica por completo. Pero por ahora, debe quedarse con objetivos incrementales:

· Durante las primeras dos semanas, fumar quince cigarrillos en lugar de veinte.
· Durante las semanas 3 y 4, fumar diez cigarrillos cada día.

- Durante las semanas 5 y 6, fumar cinco cigarrillos.
- Durante las semanas 7 y 8, fumar tres cigarrillos.
- Fumar sólo un cigarrillo a partir de la novena semana.

Por supuesto, sus números serán diferentes. Además, habrá ocasiones en las que fallará en los intentos. La clave está en hacer cambios lentos en su vida. Romper el mal hábito de una manera metódica le da a su mente y cuerpo la oportunidad de destruir el deseo continuo.

Fase 2: Entendiendo el Ciclo de Hábitos / Formando Nuevos Hábitos

Ya que está leyendo este libro, supongamos que está interesado en hacer un cambio permanente en su vida. En realidad, no basta con hacer sólo pequeños cambios incrementales. La mejor estrategia para obtener beneficios a largo plazo es identificar los ciclos de hábitos y comprender la motivación subyacente detrás de todas las rutinas. Duhigg habla de los ciclos de hábitos en su libro *El poder del hábito*. Los ciclos de hábitos son las actividades que le llevan desde el inicio hasta la recompensa.

Comprenda las acciones, y dará el primer paso para crear cambios permanentes en su estilo de vida. El mejor método para eliminar un mal hábito para siempre es reemplazarlo gradualmente con hábitos saludables. Esto significa que en lugar de centrarse en lo que le falta, puede seguir nuevas rutinas que le dan las mismas recompensas. Cuando haya programado la fecha de inicio, puede utilizar las siguientes estrategias para reprogramar su mente.

CHAPTER 1

Estrategia 8: Identificando la Rutina del Hábito

Todos los hábitos siguen el mismo patrón de tres pasos:

1. Señal o Estímulo - un desencadenante que se produce de una situación basada en las recompensas que se están buscando.

2. **Recompensa** - la satisfacción que desea obtener al seguir las rutinas.

3. Rutina - una acción emocional o física que toma para obtener las recompensas.

Siempre hay pensamientos y acciones que ocurren de antemano y están relacionados con los hábitos. La señal es en realidad el desencadenante que crea el deseo de obtener la recompensa. La rutina es la acción necesaria para satisfacer el impulso. La recompensa es la satisfacción que obtiene al seguir la rutina o la eliminación del estrés que fue creado por las señales. El mejor método para entender el proceso es repasar cada componente. Veamos cómo hacerlo.

Estrategia 9: Registre las señales de hábitos

Somos bombardeados con detonantes para que tomemos alguna acción. Muchas veces, son externos cuando un sonido, olor o vista desarrolla un antojo. Otros días, es una sensación interna que despierta el deseo. Para hacer cambios permanentes, necesita entender completamente por qué y cuándo ocurren los desencadenantes. Esto se puede hacer fácilmente registrando cinco bits de información cuando se siente el deseo de terminar un mal hábito.

1. Ubicación: Anote dónde está ubicado.

2. Hora: Tome nota de la hora exacta en que siente el impulso.

3. **Estado de ánimo:** Fíjese en su estado emocional.

4. **Gente:** ¿Quién está a su alrededor?

5. **Acción:** ¿Qué está haciendo en este momento? ¿Qué acaba de hacer?

La repetición es la clave del ejercicio. Concéntrese en registrar los cinco puntos de datos en las primeras semanas de los nuevos cambios de hábitos. Puede hacer esto por un tiempo, y puede notar una serie de patrones que proporcionan una gran visión de los malos hábitos. Por ejemplo, digamos que está tratando de controlar su hábito de consumo de alcohol. Puede parecer una actividad inocente en la superficie, pero el hábito de beber ha llevado a una serie de otros problemas, tales como discusiones en casa o disminución de la productividad en casa. Lo que antes era una actividad divertida ahora se ha convertido en un problema serio.

Además de obtener ayuda de los demás, obtendrá información sobre el hábito mediante el seguimiento de los factores desencadenantes. Después de registrar los datos cuidadosamente, notará que los cinco patrones se destacan:

1. **Ubicación:** En el bar de O'Reilly

2. **Hora:** 5:00 p.m.

3. **Estado de ánimo:** Cansado y estresado

4. **Gente:** Con los amigos Bill, Tom y Dick

5. **Acción:** Ver el partido de béisbol

La meta es minimizar el consumo de alcohol, así que después de llevar un registro del mal hábito durante algunas semanas, se dará cuenta de que el problema ocurre en un momento en el que está estresado o tiene ganas de salir. Los chicos en ese momento están viendo el partido. Al analizar los factores desencadenantes, ahora se da cuenta de que la bebida es el resultado del deseo de reducir la tensión y sentirse libre de estrés. Y lo que es más importante, es una actividad que prefiere compartir con los demás.

Estrategia 10: Desarrolle Varias Recompensas

El hecho interesante acerca de los malos hábitos es que a menudo vienen con el deseo de algunas recompensas. Normalmente, las hacemos porque deseamos estar relajados, energizados, felices y amados. La parte buena es que puede sustituir los malos hábitos y aún así encontrar resultados positivos. Por eso es importante experimentar con diferentes recompensas. Prepare algunas estrategias que pueda implementar cuando experimente un desencadenante. El objetivo aquí es encontrar rutinas positivas que le den la misma sensación que tiene con los malos hábitos sin seguir rutinas negativas. Por ejemplo, veamos un ejemplo que discutimos antes: consumir demasiadas bebidas. Después de localizar las señales o estímulos de los primeros días, se dará cuenta de que los hábitos de beber vienen de un deseo de relajarse y de reducir el estrés. Es un subproducto del deseo de socializar y divertirse. Por lo tanto, puede planear varias estrategias cuando tenga que relajarse:

· Dé un paseo de diez minutos por su vecindario.
· Evite el bar y el café de O'Reilly.
· Haga una actividad diferente con amigos en lugar de beber.
· Haga nuevas amistades y expanda su red social.

No todas las estrategias se aplicarán a su situación, pero tener una estrategia es importante ya que está tratando de encontrar una nueva rutina que proporcione recompensas que sean similares a los malos hábitos.

Estrategia 11: Compruebe lo que Funciona

Cuando siga nuevas rutinas, haga un balance de sus estados de ánimo más tarde para ver si todavía tiene el deseo de hacer malos hábitos. Si todavía los siente, entonces necesita darse cuenta de que los resultados de la nueva rutina no son los que está buscando. Revisemos el ejemplo de beber de nuevo.

Descubrió que el ejercicio y la meditación no están disminuyendo sus niveles de estrés. Pero lo que sí tuvo éxito fue hacer nuevas amistades con tipos que no pasaban el tiempo en un bar. Estos nuevos amigos son las personas positivas que le hacen sentir relajado, lo que en última instancia reduce la sensación de tensión que tiene antes de tomar unas copas.

Además, es consciente de que, a uno de sus amigos, Bill (del bar de O'Reilly) le encanta hacer senderismo, que es otra actividad que le gusta. Esto significa que puede minimizar su consumo de alcohol y mantenerse en contacto con sus amigos más antiguos.

Cuando se encuentra con un estímulo de mal hábito, es necesario sustituirlo con nuevas rutinas. Será difícil de hacer al principio; sin embargo, más tarde empezará a seguir diferentes rutinas sin siquiera pensar en ellas. Muchas veces, se da cuenta de que algunas personas desencadenan malos hábitos, lo que significa que cuando toma una decisión, o bien pasa menos tiempo con ellos, o sigue haciendo otras cosas que no son buenas para su vida. Es cierto que no es fácil dejar ir a algunas personas, pero muchas veces hay que sacrificar las relaciones que conducen a bucles de hábitos autodestructivos.

CHAPTER 1

Estrategia 12: Elabore Un Plan Para Romper Con El Mal Hábito

Tomará algunas semanas de experimentación para encontrar un reemplazo perfecto para el mal hábito existente. Pero definitivamente encontrará algo que funcione. Aquí necesita alinear sus actividades con este hábito en vez de con el malo. Las mejores maneras de crear cambios duraderos son seguir planes paso a paso cuando se experimentan ciertos impulsos. Empiece escogiendo las claves comunes de la estrategia 9 y cree un plan para cada uno de los desencadenantes.

El objetivo del ejercicio es reprogramar su mente para que tome diferentes acciones incluso cuando sienta el deseo de realizar el mal hábito. Por ejemplo, una vez más, consideremos el ejemplo del hábito del alcohol. Aquí hay más estrategias a seguir:

· Cuando Bill me invite a O'Reilly, sugeriré una caminata en lugar de beber.

· El domingo de baloncesto, iré a las actividades que se encuentran en meetup.com en lugar de ir al bar de nuevo.

· A las 5:00 p.m. cada día, haré una caminata de treinta minutos para reducir el estrés.

Lo que están haciendo aquí es localizar los puntos débiles y crear un plan para las acciones que tomarán. Esta es la primera línea de defensa contra el impulso del mal hábito. Por lo tanto, cuando llegue el antojo, sabrá exactamente qué hacer.

Estrategia 13: Conozca la Brecha de Empatía Frío-Caliente

Hay un viejo dicho militar: "Todos los planes son buenos hasta el primer disparo". Todos los planes se ven muy bien sobre el papel, pero rara vez funcionan cuando se experimentan grandes tentaciones. La persona puede ser capaz de hacerlo bien durante algún tiempo, pero es difícil seguir nuevas rutinas cuando su vida tiene estrés y estímulos que lo llevan a ellas. Y es difícil recordar al hacer planes lo que es sentir ese antojo que le afecta psicológica y físicamente.

Puede creer que no cederá, pero es difícil hacerlo cuando está estresado, cansado o simplemente quiere hacer la única cosa que está tratando de detener. Una vez que esto sucede, es significativo recordar lo que George Lowenstein mencionó en una de sus investigaciones. Básicamente, él derivó que la gente sufre de algo llamado brecha de empatía frío-caliente cuando están haciendo planes para lidiar con las tentaciones.

Una vez que se trata de la brecha de empatía frío-caliente, la mayoría de la gente no juzga cómo se sentirá en el estado caliente una vez que hay un fuerte deseo de un mal hábito. En otras palabras, no importa cuánto se planee, es difícil entender cómo es experimentar realmente antojos fuertes. El punto es que, aunque es importante planear, necesitará estrategias para lidiar con los errores. Recuerde, los errores son errores, y ceder no lo hará débil. Más bien, acepte el hecho de que sucumbirá ocasionalmente a algún deseo, y es un proceso natural para hacer cambios permanentes de hábitos. Los errores ocurren, y fallar no es el final siempre y cuando empiece de nuevo, sólo que un poco más sabio.

Estrategia 14: Uso de Recordatorios de Hábitos para Permanecer en el Camino

El recordatorio de hábitos es una manera fantástica de seguir nuevas rutinas. Pueden escribirse en un papel que lleve consigo todo el tiempo, o pueden ser parte de una alerta que aparezca en el teléfono celular. Aunque estos recordatorios pueden sonar tontos, son grandes métodos para mantener el proceso de cambio de hábitos al frente de su mente.

Fase 3: Construya Sistemas de Apoyo para Ayudarle a Romper los Malos Hábitos

Comprometerse a cambiar es sólo la mitad de la batalla. En realidad, no puede hacer cambios duraderos por su cuenta. Más bien, es importante crear sistemas de apoyo de personas que le ayuden a cumplir con la meta. La gente es capaz de, o hacer o acabar con sus esfuerzos. Al agregarlos a sus planes de cambio de hábitos, puede obtener ayuda cuando se sienta débil o tentado. Aquí hay algunas estrategias para crear grandes sistemas de apoyo que le ayuden a cambiar un mal hábito.

Estrategia 15: Mantenga un Diario de Rendición de Cuentas

Lleve un registro de sus intentos diarios de cambiar sus hábitos, incluyendo las estadísticas y las métricas. Cuanta más información incluya, más fácil será entender qué es lo que afecta sus impulsos o estados de ánimo. Aunque esto depende de los hábitos, aquí hay algunas cosas que puede incluir en su diario de rendición de cuentas:

· El número de veces que repitió el mal hábito.

- Total de calorías consumidas, quemadas y desglosadas en alimentos individuales.
- La cantidad de tiempo que se dedica a hacer el mal hábito.
- Su peso actual y su IMC (índice de masa corporal).
- Emociones, sentimientos e impulsos.
- Los desafíos que está experimentando en la actualidad.

Por ejemplo, digamos que desea dejar de fumar. Cada día tiene que establecer un límite para el número máximo de cigarrillos que fumará. Luego anote el número real de cigarrillos que fumó. Añada a este registro todos los sentimientos e impulsos que llevaron a la actividad. Lo principal del diario de rendición de cuentas es que debe ofrecer información 100 por ciento transparente. Debe anotar todos los detalles, incluso si realmente fracasa en su intento de alcanzar la meta.

Estrategia 16: Hacer Declaraciones Públicas

Las redes sociales se han convertido en una parte importante de nuestra existencia diaria. Uno de los grandes métodos para aprovechar la amistad es solicitar apoyo para el objetivo de cambio de hábitos.

Nadie desea verse mal. Publique actualizaciones sobre sus intentos de cambio de hábitos en sus redes sociales y compruebe que recibirá aliento de sus amigos en línea. Podría ser un post en Facebook o simplemente un tweet. También puede utilizar aplicaciones móviles para ello, como coach.me, que actualiza su cuenta automáticamente con informes de progreso. No subestime las capacidades de las aprobaciones sociales. El sólo hecho de saber que será responsable de los hábitos por sí solo lo mantendrá enfocado en el cambio.

Estrategia 17: Encuentre un Socio de Responsabilidad

No hay necesidad de hacer esto solo. Más bien, debe comunicarse regularmente con alguien que comparta un deseo similar de hacer cambios duraderos en sus hábitos. Reúnase o simplemente hable con esta persona cada semana unas cuantas veces y comparta sus experiencias. Pueden llevar todo esto un paso más allá y crear una nueva rutina juntos, como caminar diez mil pasos juntos. Otra idea es encontrar un asesor que le ayude a superar los momentos de debilidad. Simplemente llame a esa persona cuando se sienta susceptible, y ellos lo ayudarán a superar la tentación. No es necesario que el socio responsable tenga que vivir cerca. Es fácil conocer gente en las redes sociales y en grupos de Facebook. Puede encontrar algunas personas que comparten el deseo común de cultivar buenos hábitos. Todo lo que necesita hacer es instalar Skype o una herramienta similar, y puede hablar durante cinco minutos más o menos a la vez cada semana.

Estrategia 18: Ignorar a la Gente Negativa

Es triste, pero habrá personas que consciente o inconscientemente tratarán de sabotear sus esfuerzos de superación personal. Estos pueden ser amigos cercanos, extraños al azar o incluso familiares cercanos. Estas palabras pueden ser como veneno, ya que inundan su atención con opiniones negativas. Si escucha sus consejos, será por su cuenta y riesgo. Está condenado en el instante en que empieza a confiar en ellos, ya que es un primer y seguro paso hacia la decepción. Tener un plan para estos detractores es tan importante como saber qué hacer cuando se sienten tentados por los impulsos. Debe saber qué hacer y qué decir cuando una persona dice algo que pone dudas en su mente sobre el cambio de hábito. Se recomienda encarecidamente que encuentre la manera de ignorar los comentarios o de rechazarlos instantáneamente.

Estrategia 19: Evite las Ubicaciones de los Detonadores

Las personas no son los únicos indicios de un mal hábito. Muchas veces un lugar puede suscitar un impulso para seguir rutinas específicas. En el momento en que intente cambiar una rutina, tendrá que evitar los lugares que causan bucles negativos. Por ejemplo, muchas personas fuman cuando están bebiendo. Por lo tanto, si está intentando acabar con el hábito de fumar, es bueno evitar entrar en bares. Sí, puede significar dejar a sus amigos por un tiempo; sin embargo, la estrategia le ayudará a minimizar la posibilidad de querer fumar un cigarrillo.

Estrategia 20: Obtenga Ayuda Profesional

Seamos honestos sobre esto. Hay algunos hábitos que necesitan un mayor nivel de experiencia que va más allá de la simple lectura de un fragmento de contenido en Internet. Muchas veces, tendrá que buscar ayuda profesional o asistir a reuniones para deshacerse de las adicciones fuertes. Hay varios malos hábitos que requieren ayuda profesional, como la adicción a las drogas, el alcoholismo, fumar y los trastornos alimentarios. No es posible decir aquí dónde está la línea en su caso, pero es posible que se encuentre en un punto en el que necesite una mano de un profesional. Aquí hay algunas maneras de implementar la estrategia:

· Hable con un psiquiatra o psicólogo.

· Unirse a grupos como AA (Alcohólicos Anónimos) o NA (Narcóticos Anónimos).

· Únase a un grupo local de pérdida de peso que enfatiza los cambios permanentes en el estilo de vida en lugar de las dietas de moda.

· Hable con su médico acerca de varias soluciones no adictivas para acabar con los antojos.

No tenga miedo de recibir ayuda de la gente. Puede tener alguna adicción fuerte de la que no es posible deshacerse con simples listas de control. La posibilidad es que, si piensa que tiene un problema real a la mano, entonces es mejor obtener la asistencia que se necesita.

Fase 4: Superar los Desafíos que son Esenciales para Romper los Malos Hábitos

¿Todavía recuerda nuestra descripción sobre la brecha de empatía caliente-fría? Es algo a lo que se enfrentará cuando intente hacer grandes retos de cambio de hábitos. La clave está en seguir algunas estrategias específicas para superar la brecha de empatía. Sólo implemente lo siguiente, y será capaz de luchar contra los momentos de debilidad o tentaciones.

Estrategia 21: Lleve un Estilo de Vida Saludable

Como se mencionó antes, el agotamiento de la imagen personal puede llevar a que su fuerza de voluntad llegue a un estado debilitado. Cuando se está siempre hambriento, cansado, deprimido o estresado, se aumentan las posibilidades de sucumbir a las tentaciones. Una manera fácil de impugnar la disminución del ego es llevar un estilo de vida saludable. Como este problema se debe en gran medida a los bajos niveles de glucosa, puede combatir las tentaciones haciendo lo siguiente:

· Dormir toda la noche para sentirse con energía por la mañana.

· Mantenerse hidratado bebiendo al menos ocho vasos de agua al día.

· Comer alimentos balanceados todos los días, incluyendo vegetales, frutas, proteínas magras y buenos carbohidratos.

· Hacer ejercicio para mantener un peso óptimo y reducir el estrés.

· Mantener bocadillos saludables consigo para los momentos en que tenga hambre.

Nunca subestimar el poder de la conexión mente-cuerpo. Cuando se lleva una vida equilibrada y saludable, romper los malos hábitos se vuelve mucho más fácil.

Estrategia 22: Manténgase Positivo

Todo el mundo tiene tentaciones como resultado de los malos hábitos. Es una parte natural del procedimiento, así que no permita que estos sentimientos lo repriman. El truco está en saber qué hacer cuando se experimenta un impulso. En el momento en que reciba una punzada por un mal hábito, manténgase firme en su compromiso de seguir con los nuevos planes. Incluso puede recitar un mantra fácil para esto cada vez que tenga un momento de debilidad. Podría ser una frase tonta que repita regularmente, como "sobrio en seis meses". Repítalo una y otra vez cuando sienta la necesidad de tomar un trago.

Estrategia 23: Manténgase Alejado de la Actitud de "¿Qué Diablos?"

Como se discutió antes, es fácil equivocarse con sus objetivos. Lo que no se puede permitir es desarrollar una mentalidad de "qué diablos". En este caso, básicamente se ha dado por vencido y se ha desmotivado, ya que ya ha fracasado en ese día en particular. Aunque está bien equivocarse de vez en cuando, lo que no se puede hacer es quedarse en lo profundo de la culpa cuando se ha sucumbido ante una tentación. Es cierto que "mañana es otro día"; sin embargo, no puede ser usado como excusa para dejarse llevar por los malos hábitos.

Por ejemplo, si su objetivo es fumar menos de diez cigarrillos al día, y cometió un error en un día y terminó fumando doce cigarrillos. Lo que no se debe hacer es seguir la mentalidad que dice: "Qué diablos, como ya he fumado doce, es mejor que termine el resto del día fumando un poco más cada vez que me apetezca". La actitud de "qué diablos" es una amenaza potente para el proceso de cambio de hábitos. Cuando mete la pata, simplemente acepte la falla y concéntrese en minimizar el daño. Significativamente, no lo use como excusa para hacer más cosas malas, como fumar cigarrillos adicionales.

Estrategia 24: Perdónense por los Pequeños Fracasos

Una de las principales razones por las que las personas terminan abandonando el cambio de hábitos es porque no tienen idea de qué hacer cuando se han salido del camino. Seguramente, seguirán los objetivos estrictamente durante unas semanas, pero no saben qué hacer en caso de que cometan un error. Lo que sucede muchas veces es que utilizan un error como excusa para rendirse. A riesgo de sonar como un psicólogo extraño, lo que se necesita aquí es perdonarse a uno mismo. Todo el mundo comete errores, pero vencerse a sí mismo por los errores no es bueno para los objetivos a largo plazo.

Aunque es importante ser estricto en la eliminación de los malos hábitos, debe evitar desarrollar pensamientos negativos en su cabeza. Bueno, un error es un error, y no significa que sea débil o que no tenga fuerza de voluntad. Significa que es humano, igual que el resto de nosotros.

Estrategia 25: Recompénsese a Sí Mismo

Cambiar los malos hábitos y desarrollar los buenos puede resultar una experiencia agotadora. Depende de su persona hacerla divertida, fijando recompensas por alcanzar hitos específicos. Lo importante aquí es no tener un incentivo que sea directamente malo para el ejercicio de cambio de hábitos que está realizando. Por ejemplo, siempre que alcance su meta de pérdida de peso para la semana, puede darse el gusto de ver una película o ir de compras. Sin embargo, necesita evitar los buffets de comida por kilo, como el Golden Corral.

Establezca algunas recompensas por alcanzar el objetivo de cambio de hábitos. Tenga un incentivo para los hitos del día 1, primera semana, segunda semana, primer mes, tercer mes, sexto mes y primer año. Cuantos más objetivos tenga, más concentrado estará en el ejercicio de cambio de hábitos.

CHAPTER 1

Estrategia 26: Revise sus Planes Diariamente

Deshacerse del mal hábito es similar a cualquier otro objetivo a largo plazo. Fundamentalmente, se requieren compromisos diarios y recordatorios para cumplir con los planes. Una de las estrategias es convertir el proceso de cambio de hábitos en un objetivo que revisará todos los días. Por ejemplo, tengo un hábito matutino en el que repaso todos los objetivos que me he propuesto y reafirmo mi compromiso de hacer cambios en mi vida.

Estrategia 27: Trabaje Día a Día

No se preocupe por lo que sucederá mañana o después de un año. Más bien, concéntrese en el siguiente estímulo o detonante. Establezca un plan para lo que va a hacer hoy y preocúpese por el mañana cuando llegue. Cambiar un hábito es similar a correr una maratón. Se volverá loco si piensa en correr 26.2 millas. Sin embargo, es más fácil de completar si se mantiene concentrado en correr la siguiente milla. Siga concentrándose en lo que necesita hacer ahora mismo y trate de ignorar lo que sucederá más adelante en el futuro.

Tener esta mentalidad le ayudará a hacer cambios lentos pero incrementales. Al principio, puede notar un cambio en los hábitos. Pero cuando hay una línea de tiempo más larga, podrá incorporar cambios en su estilo de vida y en sus rutinas. Solía caer en los malos hábitos del pasado, pero ahora puede resistir el impulso.

Conclusión (Romper los Malos Hábitos)

Romper los malos hábitos es un tema de participación, por lo que ha llevado a todos un tiempo llegar hasta allí. Así que recapitulemos lo que hemos aprendido hasta ahora. Romper los malos hábitos es un proceso continuo que no ocurre de la noche a la mañana. Hemos discutido veintisiete estrategias en este capítulo que definitivamente le ayudarán a hacer cambios duraderos. Sin embargo, al final del día, es importante recordar que estos son sólo consejos. Los resultados reales llegan cuando la persona toma acción. Lea el libro y vaya paso a paso a través de todas las ideas. Comience por seleccionar un solo mal hábito e intente eliminarlo totalmente.

Podría hacer lo mejor que pueda y, sin embargo, descubrir que está saboteando sus esfuerzos por hacer cambios en los hábitos. En caso de que se esté comportando consistentemente de manera que lo haga insalubre o infeliz, podría estar psicológicamente apegado a los hábitos. Para saber más sobre las relaciones de apego psicológico, siga leyendo. Si tiene algún problema específico, hay muchos libros disponibles en Internet.

Necesita recordar que para cambiar los malos hábitos se necesita un compromiso diario. Necesita trabajar duro y mantenerse concentrado. Sin embargo, no se preocupe por las fallas. Es importante mantenerse en ello y, en el proceso, aprender de todos los desencadenantes o impulsos. Se verá a sí mismo desechando los malos hábitos en un abrir y cerrar de ojos.

Capítulo 8: Hábitos Alimenticios, Físicos, de Salud y de Estilo de Vida

Seguimos escuchando que es muy importante tener hábitos saludables, como mantenerse activo, comer sano y mantenerse al tanto de nuestros exámenes de salud. Sin embargo, ¿ha pensado realmente en por qué los cambios son tan significativos y cómo funcionan juntos? Los hábitos saludables son aquellos que incluyen cualquier cosa que se haga para beneficiar su bienestar mental, físico o emocional. Estos hábitos, cuando se combinan, ayudan a crear un marco para una vida saludable. En caso de que no esté familiarizado con un estilo de vida saludable, los hábitos son difíciles de desarrollar ya que necesita cambiar un poco su forma de pensar e incluso cambiar su horario diario.

Pero si está realmente listo para comprometerse a mejorar su salud, puede comenzar a tener hábitos saludables que lo beneficien a largo plazo. No importa cuántos años tenga o qué tan terribles hayan sido sus viejos hábitos; puede mejorarlos y seguir adelante para crear un mejor estilo de vida. Es significativo notar que los hábitos saludables se crean en etapas. Lo que es un hábito poco saludable para una persona puede ser un hábito saludable para otra.

Por ejemplo, digamos que tiene el hábito poco saludable de comer dos tazones grandes de helado todas las noches antes de irse a dormir. Reducir la cantidad de helado a un tazón o incluso a la mitad de un tazón es un avance en su caso hacia hábitos saludables de empujar el consumo de alimentos no saludables. Pero para alguien que no come helado por la noche, no es un progreso saludable. Quédese donde está y luego progrese hacia hábitos saludables que son buenos para su vida.

En caso de haber desarrollado una condición de salud, no

es saludable comenzar a entrenar para una carrera de larga distancia, como una maratón. No intente emular de la nada a los corredores ya experimentados. Sin embargo, podría ser una buena idea comenzar a hacer caminatas diarias para estar más activo. En esta lista de hábitos saludables, puede aprender acerca de comer bien, hacer ejercicio y tener una vida saludable en general. Hay cosas que se aplican a algunos y no a otros, pero los hábitos son un buen punto de partida para las personas que buscan mejorar por sí mismas.

Aptitud Física

La actividad física beneficiará tanto a su mente como a su cuerpo. También ayuda a mantener su peso bajo control y a combatir las enfermedades crónicas. Reduce el estrés, mejora el estado de ánimo y le proporciona una sensación de logro. Hacer ejercicio físico no significa largas horas en el gimnasio; más bien, hay varias maneras en las que puede hacer pequeños ajustes a lo largo del día y hacer su vida menos sedentaria haciendo que su cuerpo se mueva.

También puede involucrar a su familia y amigos en la actividad para que pueda tener tiempo para interactuar con las personas que ama y también para beneficiar al cuerpo. Hay muchos tipos de actividades físicas que se pueden añadir a su rutina diaria, pero es importante que averigüe la que le gusta hacer y luego se aferre a ella.

1. Hacer las tareas domésticas.
2. Tomar una caminata matutina de treinta minutos.
3. Implementar un hábito de caminar dos minutos por hora mientras trabaja en su escritorio.
4. Recuerde usar las escaleras en lugar de los ascensores

siempre que sea posible.

5. Trate de caminar lo más posible.
6. Usar un escritorio con cinta de correr.
7. Utilizar escritorios de altura regulable.
8. Caminar diez mil pasos cada día. Para ello, puede utilizar un dispositivo o aplicación de seguimiento de pasos.
9. Disfrutar de un descanso para ir bailar.
10. Ir de excursión más a menudo.
11. El yoga y la meditación son buenos.
12. Practicar la escalada en roca.
13. Disfrutar del acampado.
14. Hacer ejercicio mientras los comerciales se muestran durante los programas de televisión.
15. Hacer ejercicios de escritorio.

El perdón.

Aunque el perdón pueda parecer una noción anticuada para la sociedad de reacción rápida y precipitada, hay varios beneficios para la salud en ella, incluso en la sociedad moderna. Una vez que es capaz de dejar ir algo conscientemente incluso sin una disculpa, sus niveles de enojo descienden junto con el estrés y la tensión. La carga física que implica ser herido tiene un alto costo para el cuerpo. Por lo tanto, poder liberar los sentimientos negativos y reemplazarlos por otros positivos es un buen hábito.

Al elegir no perdonar a alguien, está aumentando su enojo, y esto contribuye a una falta de control. Guardar rencor lleva a que se presente tensión muscular, aumento de la frecuencia cardíaca y presión arterial alta. Todo esto es perjudicial para su salud. Si es capaz de perdonar a alguien, mejora su patrón de sueño. Dejará de pasar tiempo en la cama pensando sobre cosas que sucedieron en el pasado o planeando sus represalias. Si pudiera meditar y perdonar completamente a la gente, sería capaz de enfocarse más en sí mismo y en su propio bienestar.

Y lo más importante, si es capaz de perdonar, aumenta la fuerza de su relación con tu familia y amigos. Necesita evitar las tensiones profundamente arraigadas en sus relaciones cercanas, ya que es una parte importante de estar conectado con las personas que lo rodean. Trate de llevar una vida en armonía con las personas que se cruzan en su camino, ya que mantener buenas relaciones es una parte clave de llevar un estilo de vida saludable.

1. No duerma con ira.

2. Concéntrese en comprenderse a sí mismo en lugar de culpar a los demás.

3. Viva en el presente. No se quede atascado en el pasado.

4. Haga cosas por sí mismo y por su propia paz mental.

5. Recuerde esas ocasiones en las que fue perdonado por sus errores.

6. Recuerde a esos amigos cuando eran pequeños.

7. Recuerde saber por qué ama a ciertas personas.

8. Recuerde siempre que es mejor ser amable que tener la razón.

9. Sólo observe; no juzgue a la gente.

10. Tome posesión de sus propios defectos.

11. Reconozca que ha crecido con la experiencia.

Comer Saludable con el Control del Tamaño de Porción

Muchas veces, no es "lo que" está comiendo sino "cuánto" está comiendo. Por ejemplo, los aguacates son muy saludables y tienen mucho que ofrecer en términos de grasas y nutrientes saludables. Pero son muy espesos en calorías, y comer tres aguacates en un solo día no es muy saludable. Necesita comer hasta que esté satisfecho físicamente, y después de eso, parar. En caso de que todavía tenga hambre, espere veinte minutos y beba un vaso de agua. Después de eso, considere si todavía necesita más comida.

Recuerde empezar a comer en platos más pequeños ya que le hace sentir como si el plato estuviera lleno justo antes de la cena. Se sorprenderá al saber la cantidad de comida que equivale a una sola porción. Tenga siempre en cuenta que comer no es un pasatiempo, y que no es algo que se hace cuando se está estresado o aburrido. Asegúrese de comer con cuidado mientras llega el momento de hacerlo. Necesita sentarse y comer bien, concentrándose sólo en la comida.

Comer sin pensar mientras se ve la televisión, o hacer visitas al refrigerador cuando se tiene un mal día, o ambos, son malos hábitos que llevan a más problemas de salud en el futuro. Recuerde, el exceso de indulgencia en cualquier cosa, incluso en algo tan claro y puro como el agua, puede ser intoxicante.

1. No coma cuando se sienta estresado.

2. Utilice recipientes de control de porciones para almacenar su comida.

3. Use platos de control de porciones mientras come en casa.

4. Escuche los retortijones por hambre.

5. Beba mucha agua y otros líquidos saludables.

6. Mantenga un diario.

7. Prepare y tome batidos saludables.

8. Aprenda a leer las etiquetas nutricionales.

9. Manténgase alejado de las barras de caramelo y otras cosas similares.

10. Planee sus comidas para la semana.

11. Haga paquetes de bocadillos de una sola porción.
12. Evite las distracciones durante la comida.
13. Consuma probióticos diariamente.
14. Apéguese a la lista de comestibles.
15. Use suplementos de cúrcuma.
16. Tome pequeños bocados mientras come y coma lentamente.
17. Mastique la comida por lo menos de siete a ocho veces antes de tragarla.
18. Beba agua incluso antes de tener sed.

Atención Médica Preventiva

Por lo general, las personas acuden al médico cuando no se sienten bien o cuando se presentan algunos síntomas desconocidos. De aquí en adelante, el médico trabaja con el paciente para diagnosticar y tratar el problema con la intención de hacer que desaparezca. ¿Pero qué pasa si no hay ningún problema de salud en primer lugar? Por ejemplo, cuando ha notado una pequeña marca de su piel, que aparentemente apareció de la nada, y no es consciente de lo que es, podría ser un síntoma de cáncer de piel, que podría propagarse rápidamente a través del cuerpo. Más bien, sea proactivo y acuda a un dermatólogo periódicamente para que le hagan chequeos y así puedan revisar su piel en busca de cualquier defecto que pueda ser sospechoso.

Es vital ser sensible con respecto a su salud, independientemente de si está realmente enfermo o no. Los médicos pueden aconsejar sobre medidas preventivas para las enfermedades que afectan a la familia o incluso detectar un problema antes de que sea demasiado tarde. La clave es detectar el problema a tiempo. Por lo tanto, asegúrese de prestar atención a la salud sin importar cómo se sienta en ese momento.

1. Hágase un examen físico cada año.
2. Las mujeres, hacerse exámenes de tiroides.
3. Las mujeres, hacerse pruebas de densidad mineral ósea.
4. Las mujeres, hacerse mamografías.
5. Pruebas de glucosa.
6. Colonoscopia.
7. Examen ocular.
8. Prueba auditiva.
9. Limpieza y examen dental.
10. Los hombres, hacerse examen de aneurisma aórtico abdominal.
11. Prueba de colesterol.
12. Examen de presión arterial.
13. Los hombres, hacerse examen de próstata.
14. Detección del cáncer de pulmón.
15. Los hombres, hacerse auto-examen de testículos.
16. Las mujeres, hacerse pruebas de Papanicolaou y de VPH.
17. Las mujeres, hacerse pruebas de clamidia.
18. Las mujeres, hacerse pruebas de gonorrea.
19. Pruebas de detección del VIH y otras enfermedades de transmisión sexual.
20. Examen cutáneo.
21. Vacuna antigripal.
22. Vacunación contra la hepatitis A.
23. Vacunación contra la hepatitis B.
24. Vacuna contra el herpes zóster.
25. Vacunación contra el VPH (virus del papiloma humano).
26. MMR (sarampión, paperas y rubéola).
27. Meningitis.
28. Vacuna contra la neumonía.

29. Tétanos, difteria y tos ferina.
30. Varicela.

Cronología Sugerida para los Exámenes de Salud de Rutina

Para Hombres

· **Examen físico**: cada dos o tres años para los mayores de dieciocho años.

· **Colonoscopia**: en un plazo de siete a diez años para las personas mayores de cincuenta años.

· **Examen de la vista**: una vez antes de los treinta años de edad, según lo recomendado por un médico cuando se tiene más de cuarenta años, y cada uno o dos años después de los sesenta y cinco años de edad.

· **Prueba de audición**: una vez cada diez años para las personas de dieciocho a cincuenta años, y una vez cada tres años para los hombres de cincuenta y un años o más.

· **Limpieza dental**: dos veces al año para hombres mayores de dieciocho años.

· **Examen de la presión arterial**: cada dos años después de cumplir los dieciocho años.

· **Examen de colesterol**: cada cinco años después de cumplir los treinta y cinco años.

· **Examen de la próstata**: comienza a la edad de cincuenta años.

· **Examen de la piel**: cada año, a partir de los dieciocho años.

Para Mujeres

- Examen físico: **anualmente.**
- **Prueba de densidad mineral ósea**: comienza a los sesenta y cinco años.
- **Mamografía**: cada uno o dos años a partir de los cuarenta años.
- **Examen clínico de los senos**: cada tres años para las mujeres que tienen entre veinte y cuarenta años de edad.
- **Colonoscopia**: cada siete a diez años para las mujeres de cincuenta años o más.
- **Prueba de glucosa en plasma en ayunas**: cada tres años a partir de los cuarenta y cinco años.
- **Examen de la vista**: una vez antes de los treinta años de edad, según lo recomiendan los médicos después de los cuarenta, cada uno o dos años después de los sesenta y cinco años de edad.
- **Limpieza dental**: dos veces al año para mujeres mayores de 18 años.
- **Examen de la presión arterial**: cada dos años a partir de los dieciocho años.
- **Examen de colesterol**: cada cinco años a partir de los treinta y cinco años.
- **Prueba de Papanicolaou**: cada tres años para las mujeres de entre veintiún y veintinueve años, cada cinco años para las mujeres de entre treinta y sesenta y cinco años (la prueba puede suspenderse a la edad de sesenta y cinco años en caso de que no haya un problema previo).
- **Examen de la piel**: cada año después de los dieciocho años.

Duerma lo suficiente para llevar una vida saludable

El sueño tiene un papel importante que desempeñar en el mantenimiento del bienestar general y un estilo de vida saludable. Es importante dormir lo suficiente en la oscuridad durante las noches, ya que protege su salud física y mental, así como su calidad de vida y su seguridad en general. La forma en que se sentirá cuando esté despierto depende en gran medida de la calidad del sueño que haya tenido en las primeras horas de la noche. Cuando está durmiendo, el cuerpo se recupera y luego se repone para apoyar el funcionamiento saludable de su cerebro y optimizar su salud física. También desempeña un papel vital en el desarrollo y el crecimiento de los niños.

Las deficiencias de sueño ocurren tanto rápidamente como a lo largo de un período de tiempo. En caso de que no duerma lo suficiente de manera regular, corre el riesgo de tener problemas de salud crónicos. Puede experimentar problemas de pensamiento durante los días, tener malos días en la oficina, tener reacciones retardadas, tener problemas para desarrollar nuevas relaciones y experimentar problemas de aprendizaje.

Debe proporcionar a su cuerpo una oportunidad para recuperarse a partir de un día de gasto de energía y prepararse para el día siguiente en el que va a necesitar más energía. Si no lo hace, definitivamente sufrirá. Para contribuir a este objetivo, considere lo siguiente:

1. Evite el café y bebidas similares por las tardes.
2. No tome comidas pesadas a la hora de prepararse para ir a la cama.
3. Mantenga siempre a las mascotas alejadas de la cama.
4. Tenga un horario de sueño consistente.
5. Nunca beba demasiado líquido justo antes de acostarse.

6. Deje de fumar.

7. Si tiene aire acondicionado, ajuste la temperatura a 60-70°F.

8. Apague todos los aparatos electrónicos una hora antes de acostarse.

9. Use calcetines.

10. Haga meditación.

11. Visualice pensamientos felices.

12. Mantenga un registro de la cantidad y calidad del sueño que está recibiendo.

13. Tenga una rutina de sueño.

14. Aprenda a volver a dormir.

15. Asegúrese de que su habitación sea silenciosa y oscura.

16. Utilice los difusores de aceite necesarios con los aceites esenciales adecuados para dormir.

Atrévase a Cosas Nuevas, Como un Estilo de Vida Saludable

Todo el mundo se mete en una rutina típica en la que están haciendo las mismas cosas casi todo el día, pero hay muchos métodos para mezclar un poco el horario para que pueda probar cosas nuevas. Cambiar una rutina aburrida ayuda a desafiarse a sí mismo y a aprender cosas nuevas. En caso de que dudara al principio, podría terminar disfrutando de las nuevas actividades o de las nuevas personas que va a conocer. Probar cosas nuevas lleva a una mayor confianza y un alto nivel de autoestima cuando se está disminuyendo la soledad y el aburrimiento. Esto también es útil para desarrollar el crecimiento personal, aumentar la longevidad y mejorar su salud.

1. Aprenda nuevos idiomas.
2. Vea películas en idiomas extranjeros con subtítulos.
3. Vaya a un restaurante nuevo para comer. Deje que el camarero decida su comida.
4. Viaje a un lugar nuevo que no haya visitado antes.
5. Inscríbase en una nueva clase que esté relacionada con su trabajo.
6. Pruebe un nuevo deporte.
7. Cocine una cena fácil que no haya probado antes.
8. Vaya a trabajar en una ruta diferente o utilice un medio de transporte diferente.
9. Váyase de viaje por carretera.
10. Haga cambios en su apariencia y luzca un nuevo look.
11. Escuche un tipo de música diferente a la que está acostumbrado.
12. Lea libros de autores de los que nunca ha oído hablar.
13. Pruebe un nuevo tipo de ejercicio.
14. Vea un nuevo musical o una obra de teatro.
15. Vea programas de talentos.
16. Deje de usar el Internet durante una semana de su vida.
17. Pase el fin de semana sin gastos.

Mejore su Estado Físico Trabajando su Fuerza y Flexibilidad

Todas las personas tienen una tendencia a perder fuerza y a disminuir de tamaño naturalmente con la edad. También se vuelven menos flexibles y por consiguiente más rígidos. Su rango de movimiento se ve afectado debido a estos cambios, y afecta más a las articulaciones y hace que se pierda elasticidad. Esto finalmente lleva a la tensión muscular. Una de las razones más importantes que hacen que los músculos se debiliten y pierdan flexibilidad es la falta de actividad. Debe hacer ejercicios de fortalecimiento y flexibilidad. La pérdida de flexibilidad puede llevar a un daño permanente en la postura y ocasionar la pérdida de músculos sanos. Por lo tanto, es imperativo que mantenga una gran flexibilidad muscular, que puede ser una parte importante de su estado físico general.

Tener estos músculos flexibles ayuda a reducir el dolor en el cuerpo y ayuda a mejorar la postura. El estiramiento también mejorará el equilibrio muscular general con la realineación del tejido en el cuerpo que disminuye los esfuerzos necesarios para mantener el equilibrio. Al tener músculos fuertes y flexibilidad, está disminuyendo el riesgo de lesiones y permitiéndose un mayor rango de movimiento.

Por último, la práctica de los hábitos saludables aumenta los nutrientes y la sangre que se entregan a los tejidos dentro de su cuerpo. La razón es que cuando se estira, se eleva la temperatura de los tejidos, y como resultado, hay un aumento en la circulación sanguínea y el transporte de nutrientes. Aquí hay algunos ejercicios fáciles:

1. Abdominales.
2. Flexiones.
3. Levantamiento de pesas.
4. Plancha.
5. "Fly to tris".
6. Sentadillas.
7. Fila de trípodes.
8. Bajadas.
9. Brazo sobre el pecho.
10. Hombro y pecho.
11. Estiramiento del tríceps.

12. Estiramiento de tobillos.
13. Estiramiento de glúteos.
14. Tirantes de una sola pierna.
15. Cuádriceps de pie.

Ríase Para Tener Una Vida Sana

Muchos investigadores piensan que la risa, de hecho, es la mejor medicina ya que ayuda a sentirse bien y reduce el estrés. La risa juega un papel importante en tener una actitud positiva y estar abierto a la posibilidad de soltarse. Además, tener un gran sentido del humor también ayuda mucho en la creación de relaciones con las personas. También ayuda a formar fuertes lazos.

Diferentes investigaciones han concluido que cuando la gente se ríe, sus cerebros pasan por los mismos cambios que cuando están meditando explícitamente. Hace que la gente se sienta refrescada y lista para enfrentarse al mundo. También puede enfrentar problemas en un día que se manejan mejor en un estado mental positivo. Aunque el valor terapéutico de la risa está todavía en estudio, hasta ahora sólo ha mostrado efectos positivos.

1. Aprenda sobre las ventajas terapéuticas de la risa.
2. Comprométase a reírse más.
3. Mire películas y programas de televisión tontos.
4. Vaya a un club de risas de yoga.
5. Considere unirse a un programa de ejercicios basado en la risa.
6. Participe en risas voluntarias y autoiniciadas.
7. Dedique un poco de tiempo a ver vídeos divertidos disponibles en Internet.

8. Pase aún más tiempo con sus mascotas.
9. Lea cómics de periódicos y libros divertidos.
10. Mire programas de su comediante favorito.
11. Vea algunos programas de comedia en vivo en YouTube.
12. Escuche podcasts divertidos.
13. Reúnase con viejos amigos y recuerde viejos tiempos con ellos.
14. Visite parques de atracciones.
15. Mire sus fotos viejas y ríase.

Pase tiempo con su familia y amigos.

Los humanos son animales sociales y no están destinados a vivir solos. Venimos a este mundo con nuestra madre y posiblemente con otros miembros de la familia inmediata estando a nuestro alrededor. A través de las diferentes etapas de nuestras vidas, dependemos de otras personas para que nos brinden asistencia y ayuda para lograr varias cosas. Para hacer casi cualquier cosa, debe contar con la cooperación de otras personas. Hemos evolucionado de tal manera que debemos cooperar para sobrevivir. Tener una familia y amigos en los que pueda confiar y con los que pueda relacionarse le dará un sentido adicional de pertenencia. Le permite relacionarse con otros que comparten sus mismos valores y también sus mismas creencias.

La parte más importante del cuidado personal es convertirlo en una prioridad y pasar a desarrollar y mantener buenas relaciones. Muchas veces, se requiere un esfuerzo especial para hacerlo debido a nuestro ocupado estilo de vida. Pero mantenernos al día con nuestros viejos seres queridos y amigos es un hábito muy saludable.

1. Siempre cene con su familia en la mesa.
2. Reserve un momento para una noche semanal con su familia.
3. Siempre tome tiempo para vacaciones anuales con la familia.
4. Haga tareas, ejercicio y juegue con la familia.
5. Lea cuentos para dormir a los niños y comparta libros interesantes con los ancianos.
6. Conserve los álbumes de fotos familiares y, de hecho, permita que los álbumes aumenten.
7. Conozca a los amigos de su hijo.
8. Ayude a los niños con sus tareas.
9. Vayan a acampar juntos.
10. Lleve a los niños a la escuela.
11. Deje a la familia notas de ánimo o de amor.
12. Trabaje con la familia o amigos en sus metas comunes. Sean socios responsables, el uno para el otro.
13. Sea el anfitrión de noches de pijamas.
14. Planee citas de lectura con amigos.
15. Ayude a sus amigos con sus tareas.
16. Reúnase con sus amigos para almorzar por lo menos una vez al mes.

Cuídese de las conductas adictivas negativas.

Cuando dice la palabra *adictivo*, lo único que emerge delante de todos es el alcohol/drogas/adicción al tabaco, pero hay otras cosas, como comportamientos que son igualmente adictivos y perjudiciales. Pueden ser saludables cuando se moderan, pero pueden terminar siendo adicciones. Estas cosas pueden ser cualquier cosa, desde café, comida, uso de Internet o apuestas. Todos son adictivos para algunas personas. Hay algunos niveles que se consideran seguros para este tipo de conductas. Debemos reconocerlos para abordar nuestros hábitos en consecuencia. Debemos saber cuándo se está haciendo algo en exceso. Recuerde considerar su personalidad al hacer esto. Las investigaciones han indicado que existe una conexión entre el comportamiento compulsivo, la impulsividad y la adicción. Necesita ser capaz de reflejarse a sí mismo para juzgar si tiene algún mal comportamiento repetitivo que no tenga una motivación racional.

Una adicción completamente desarrollada ocurre cuando es incapaz de detener un patrón de comportamiento dañino incluso cuando se da cuenta de que tiene consecuencias negativas. Cuando identifica un problema, es importante que actúe para resolverlo.

1. Comience admitiendo que hay un problema.
2. Visualice las consecuencias del comportamiento adictivo.
3. Trate de evaluar lo mal que se ha puesto la cosa.
4. Conozca su personalidad y considérela cuidadosamente.
5. Averigüe la razón detrás del comportamiento.
6. Descubra el bucle del hábito e identifique los desencadenantes. Aprenda a romper con los malos hábitos. Puede encontrar orientación en los capítulos anteriores.
7. Trate de crear y participar en una nueva rutina que sea diferente a la otra y que interrumpa el patrón de comportamiento adictivo.
8. Lleve un diario de rendición de cuentas.
9. Recompénsese por alcanzar las metas establecidas.
10. En caso de que sienta que necesita ayuda profesional, considere la posibilidad de consultar a un terapeuta.

Tranquilice Su Mente

Puede tomarse un tiempo del día lejos de todo para calmar su mente y meditar. Es un gran método para reducir el estrés. Le ayudará a conectar el cuerpo con la mente y a liberar cualquier tensión que pueda haberse acumulado a partir de las cosas que están sucediendo en su vida profesional o personal. También le dará la oportunidad de reflexionar sobre todo lo que está sucediendo en su vida y enfrentar o aceptar los problemas que le han impedido tener éxito en el logro de sus metas. La mente necesita descansar durante todo el día. Sólo entonces puede prepararse para realizar la siguiente tarea o las nuevas que se le presenten.

1. Practique ejercicios de respiración por la mañana.
2. Prepara planes para los momentos en que su mente comienza a jugarle en su contra.
3. Realice meditación regular por las mañanas.
4. Practique la meditación de la ducha.
5. Observe sus propios pensamientos.
6. Practique qigong.
7. Practique pranayama.
8. Escriba un diario y escriba por las mañanas.
9. Cree un ritual para beber café o té.
10. Practique yoga.
11. Recite afirmaciones positivas o mantras.
12. Aumente su concentración.
13. Practique el comer con cuidado.
14. Tome descansos de las redes sociales con regularidad.
15. Tome un descanso musical.
16. Reduzca las distracciones.

Esté Agradecido

Recuerde que debe estar agradecido por vivir todos los días. Mantendrá su espíritu en alto y evitará todas las depresiones persistentes. Concéntrese en los aspectos positivos de su vida en lugar de los negativos y tenga en cuenta sus fortalezas cuando empiece cada día. Siempre tenga un momento específico para estar agradecido por todo lo que tiene en la vida. Es beneficioso para su bienestar y felicidad general. Muchas veces, nos olvidamos de las cosas pequeñas, dándolas por sentadas cada día. No sabremos qué hacer sin ellos.

1. Mantenga un diario de gratitud.
2. Dele un cumplido a alguien, por lo menos uno todos los días.
3. Diga gracias.
4. Bendiga la mesa antes de la cena.
5. Cada mañana, piense en tres cosas por las que debe estar agradecido.
6. Sonría a menudo.
7. Ofrézcase como voluntario para trabajar por causas u organizaciones en las que cree.
8. Escriba notas de agradecimiento a amigos, parientes o nuevos conocidos por ser parte de su vida.
9. Haga collages de agradecimiento.
10. Aprecie la naturaleza.
11. Escuche atentamente cuando alguien le está hablando.
12. Escriba y envíe notas de agradecimiento.
13. Busque a los ayudantes.
14. Agradezca cuando haya aprendido algo nuevo.
15. Reconozca los esfuerzos.

Cuando está practicando hábitos saludables, aumenta sus

posibilidades de vivir una vida más saludable y larga. Incluso cuando está comenzando con algo pequeño, puede disminuir significativamente sus probabilidades de desarrollar enfermedades crónicas o de morir prematuramente. Está mucho mejor que aquellos que viven sólo de hábitos poco saludables.

Es comprensible que los malos hábitos son difíciles de romper; sin embargo, cuando es capaz de entrar en una rutina de practicar buenos hábitos, no se arrepentirá de la decisión de hacer dichos esfuerzos. Como los cambios en el comportamiento no ocurren de la noche a la mañana, es importante ser paciente y dar pasos más pequeños cada día a la vez. Sea considerado y comparta la lista de hábitos saludables con su familia y amigos.

Esperemos que esta extensa lista de buenos hábitos le sea útil. Además, no se deje intimidar por la gran cantidad de cosas que debe hacer para llevar un estilo de vida saludable. Es mucho; sin embargo, no se espera que todo deba ser 100% todo el tiempo. En caso de que reconozca la importancia de los hábitos saludables y haga todo lo posible por mejorar gradualmente, estará a la cabeza de aquellos que no tienen idea de los beneficios de una vida saludable.

Capítulo 9: Acumulación de Hábitos para Ambientes Escolares

Veamos algunas maneras inteligentes de mejorar la experiencia de aprendizaje utilizando la acumulación de hábitos. Cuando echamos un vistazo a lo que la investigación concluye acerca de cómo mejorar en algo, hay dos piezas de evidencia que sobresalen. En primer lugar, debe haber claridad sobre cuál es nuestro objetivo y hacia dónde queremos ir o en qué queremos convertirnos. En segundo lugar, es una práctica deliberada combinada con bucles de retroalimentación que aumentan la mielina en el cerebro y, a su vez, ayudan a mejorar el crecimiento y el rendimiento.

En este capítulo, veremos sobre el proceso que a menudo se echa de menos al observar el éxito de un estudiante en un salón de clases. Seguimos hablando de metas, crecimiento y práctica de instrucción; y perdemos los elementos clave de ir de "Definir una meta" a "Lograr una meta" con los estudiantes. Se trata de crear mejores hábitos de aprendizaje.

Seguimos hablando de estrategias, pero olvidando que nuestros hábitos como maestros y líderes influyen en los hábitos de los estudiantes. Los estudiantes mejoran en la escritura sólo a través de la práctica deliberada y la retroalimentación sobre la práctica. Sin embargo, en caso de que los estudiantes no tuvieran el hábito de escribir cada día, es muy difícil mejorar la práctica y alcanzar sus objetivos de escritura. Aquí es donde la acumulación de hábitos se hace necesaria en las aulas.

S. J. Scott dice en su libro *Habit Stacking: 97 Pequeños Cambios*: Se ha dicho que la memoria a corto plazo de una persona promedio sólo puede retener siete trozos de información. Así que la teoría detrás de la carga cognitiva es que como sólo se puede retener una pequeña cantidad de información, hay que confiar en la memoria a largo plazo, los hábitos y los procesos establecidos para hacer básicamente todo en la vida.

Puede remontar cada éxito (o fracaso) en su vida a un hábito. Lo que hace a diario determina en gran medida lo que logrará en su vida. Los hábitos crean rutina y seamos honestos; la mayoría de nosotros llevamos nuestras vidas de acuerdo con algún tipo de rutina. Nos levantamos por la mañana y seguimos un patrón preestablecido: Ducharse, cepillarse los dientes, vestirse, hacer el desayuno, conducir al trabajo, hacer el trabajo y luego ir a casa. Algunos de nosotros elegimos seguir hábitos de superación personal: Fijarnos metas, leer libros inspiradores, trabajar en proyectos importantes e ignorar las distracciones derrochadoras. Otros eligen hábitos autodestructivos: Hacer lo más mínimo, consumir creatividad aburrida a través de entretenimiento de baja calidad, comer comida chatarra y culpar a los demás por sus fracasos en la vida.

Aunque todo eso es cierto, es muy difícil tratar de empezar un nuevo hábito. Sólo piense en el número de personas que deciden empezar a hacer ejercicio, ir a un gimnasio y comer adecuadamente en la lista de resoluciones de Año Nuevo. Muchas personas tratan de crear el hábito del ejercicio diario varias veces en su vida sólo para fracasar varias veces. Sin embargo, lo que es fascinante es lo que las personas hacen de manera diferente cuando tienen éxito.

Scott ha proporcionado una práctica alternativa a la construcción de hábitos en el libro sobre la acumulación de hábitos:

Todos sabemos que no es fácil añadir docenas de nuevos hábitos al día. Pero de lo que no nos damos cuenta es de que es bastante fácil construir una nueva rutina. La esencia de la acumulación de hábitos es tomar una serie de pequeños cambios (como comer un pedazo de fruta o enviar un mensaje de texto cariñoso a su pareja) y construir un ritual que pueda seguir diariamente. La acumulación de hábitos funciona porque elimina el estrés de tratar de cambiar demasiadas cosas a la vez. Su meta es simplemente enfocarse en una sola rutina que sólo tome de 15 a 30 minutos para completarse. Dentro de esta rutina hay una serie de acciones (o pequeños cambios). Todo lo que tiene que hacer es crear una lista de comprobación y seguirla todos los días. Esa es la esencia de la acumulación de hábitos.

La acumulación de hábitos puede ser utilizado en las aulas y escuelas de diversas maneras. Puede ver cómo una rutina diaria combinada con una reunión matutina puede tener a las maestras del jardín de niños listas todos los días. Se puede notar cómo un sistema de anticipación fuerte y diario prepara a los estudiantes para un aprendizaje significativo. Se puede observar a los profesores con normas de colaboración y comunicación que hacen que los alumnos comprendan qué tipo de conversaciones eran relevantes para el aprendizaje. Todos estos ejemplos se remontan a los hábitos que se desarrollaron en las aulas. Y cada hábito puede construir mejores prácticas que están conectadas con las metas de aprendizaje.

Construyendo Buenos Hábitos para Maestros y Estudiantes

Veamos cómo los maestros pueden construir buenos hábitos como educadores y fomentar el uso de la acumulación de hábitos en las aulas. He aquí algunos hábitos que se pueden usar ahora mismo con los estudiantes:

1. Conversaciones en el escritorio o en la puerta: Hable con los estudiantes acerca de lo que está sucediendo en sus vidas personales, y como resultado, ellos comenzarán a buscar su orientación y ayuda y le proporcionarán retroalimentación crítica. Las conversaciones cortas pero útiles estimulan los aspectos sociales y humanos del aprendizaje, que es una pieza importante del rompecabezas de la educación. Sin embargo, lo importante es poder hacer esto a todos sus estudiantes.

2. El trabajo de entrada/el timbre de campana/hacerlo ahora: Cuando estaba en la universidad, debe haber oído hablar de un "contingente", pero ¿a quién le importa el nombre? Si viaja por todo el país en instituciones educativas, escuchará hablar de "hacerlo ahora", "trabajo de entrada", "tomar 5", "timbre de campana", y la lista sigue y sigue. Tiene que pensar en sus programas de televisión favoritos. La próxima vez que los vea, observe cómo los cinco minutos iniciales del programa están llenos de acción y son capaces de captar su atención inmediatamente. Esto es lo que debe ocurrir también en el aula. Haga que piensen.

3. Evaluar el proceso educativo: Los estudiantes son como el resto de nosotros, y actúan de esa manera. Sólo se centrarán en lo que se va a medir o calificar y elogiar. Es su trabajo hacer que el proceso de aprendizaje sea tan importante como el producto final, que podría ser el proyecto, el examen, la prueba, etc. Verá a sus estudiantes florecer de esta manera.

4. Escriba algo cada día: Todo el mundo se convierte en un mejor lector al escribir cada día, y su persona se convierte en un mejor escritor al leer cada día. Acompañe a sus estudiantes en un hábito de escritura y trabajen en ello todos los días. Haga que el proceso sea agradable utilizando plataformas como Write About, que tiene excelentes indicaciones visuales para despertar la imaginación de los estudiantes.

5. Realice lecturas de diferentes textos cada día: No importa en qué grado esté o la materia que enseñe; los estudiantes deben tener el hábito diario de leer diferentes textos. Tenga en cuenta que todos los estudiantes tienen que pasar por diferentes materias en su día normal en la escuela. Esta práctica diaria permite a los estudiantes hacer una conexión, profundizar en el análisis y descubrir qué es lo que realmente les gusta de la lectura.

6. Identificar y definir los problemas: No es posible para nosotros separar el aprendizaje diario del aprendizaje basado en problemas en nuestras aulas. Trate de hacer de cada día un día de resolución de problemas. Para ello, el primer paso será definir el problema y luego empatizar con el tema. Una vez que los estudiantes adquieren el hábito de definir un problema, también buscarán las soluciones que tengan el mayor impacto.

7. Trabaje en busca de soluciones en colaboración: Tiene que haber una razón para el trabajo colaborativo. Tener a los estudiantes en grupos y hacer que llenen hojas de trabajo no es trabajo colaborativo. Más bien, concéntrese en los hábitos para resolver los problemas que ha definido anteriormente en entornos de grupo. Esto coloca a todos en el mismo equipo en el mismo objetivo.

8. Debates: Prepare a sus estudiantes. John Spencer fue la persona responsable de tener la idea de un debate diario. Es estupendo tener debates en el aula. Establezca las reglas para el evento, hable sobre lo que será un argumento fuerte, y haga que los estudiantes expresen sus opiniones sobre los temas que les interesan. Esto asegurará que cuando llegue el momento de escribir ese artículo o dar el discurso, sus alumnos tendrán la costumbre de hacer que su caso destaque.

9. Hacer/jugar/pensar/crear: Aunque pueda parecer una cosa obvia para hacer que los estudiantes hagan todos los días, es difícil hacerlo sin tenerlo como una prioridad. Hay demasiados programas y planes de estudio establecidos que no permiten ningún espacio para el "tiempo para pensar" y, finalmente, cuando los estudiantes encuentran la oportunidad, prefieren que se rellene una hoja de trabajo. Es triste, así que hágalo todos los días, y encontrará estudiantes que desean traer de vuelta el pensamiento.

10. Reflexionando: Todo el mundo necesita reflexionar un poco más. Es una de las principales herramientas de aprendizaje para evaluarse a sí mismo y reflexionar sobre lo que ha aprendido, hecho y debe hacer. Haga que los estudiantes reflexionen muchas veces al día, pero que sean breves al principio. Tomarse un momento libre revitalizará las mentes y desarrollará un hábito diario de pensar sobre el pensamiento. Si es demasiado, empiece con algo pequeño. Pruebe sólo unas pocas cosas en el aula y luego empiece a apilar los hábitos que ha aprendido. Las prácticas diarias serán una de ellas. Recuerde que estos pueden ser mezclados en varias formas, maneras, o formas; sin embargo, la clave es realizar la actividad diariamente y luego hacerla una costumbre.

Capítulo 10: Acumulación de Hábitos en las Relaciones

Necesita desarrollar diez minutos de rutina diaria para hacer crecer su red social. Aquí está el cómo. No llegará muy lejos en su vida sin tener a las personas adecuadas a su alrededor. Por mucho que nos sigamos diciendo a nosotros mismos que los logros que alcanzaremos son y serán el resultado del trabajo duro, muchas veces estar en el lugar correcto con las personas adecuadas es el catalizador que te lanzará en una nueva fase de la vida, negocio o carrera.

Todos los dueños de negocios necesitan clientes buenos y fuertes, mentores y empleados. Los atletas necesitan buenos entrenadores junto con sus compañeros de equipo. En cualquier aspecto, siempre hay una necesidad de crecer y fomentar las relaciones con las personas más significativas. Es de suma importancia ya que su red es su mejor activo. Cuanto más eficiente sea su trabajo en equipo, más cierta será esta afirmación. Hay una razón detrás de tener una sala llena de gente talentosa e innovadora de todos los startups exitosos en Silicon Valley. Son los primeros en entender que sobre todo las personas son la razón del crecimiento de un negocio. El crecimiento y el desarrollo ocurren cuando se descubre un talento único y se expone a otro talento único.

Ya sea que estén trabajando para ustedes mismos o aspirando a trabajar para ustedes mismos o simplemente buscando avanzar en la carrera, lograrán mucho más en menos tiempo al tener personas correctas a su alrededor en su vida. Hay un viejo dicho africano que dice: "Cuando quieras ir rápido, vete solo. Pero cuando quieras ir lejos, ve acompañado". Ahora, hay un problema con esto. Construir relaciones toma mucho tiempo, y no siempre es productivo, ya que se trata de seres humanos y no sólo de plazos. Esto costará dinero y no significa un retorno de la inversión inmediato. Con el crecimiento de nuestros compromisos y el aumento de la carga de trabajo, es tentador quedarse con quienes conocemos.

Sin embargo, como casi todo en la vida, en caso de que su red no esté creciendo por alguna razón, está muriendo. Incluso cuando no está pendiente de desarrollar nuevas relaciones con sus clientes, fortalecer las relaciones que sí tiene debe ser la prioridad de cada día. Y como los negocios reflejan al resto del mundo de alguna manera, una vida personal más fructífera también está a la vuelta de la esquina si se ha comprometido a construir relaciones todos los días. ¿Cuál es la solución posible? Trate de agregar la acumulación de hábitos para las relaciones a la lista de hábitos diarios. Piense en ello como una sesión intencional y condensada en la que pasa tiempo cultivando relaciones nuevas y actuales.

Comenzando

1. Comience con el compromiso de dedicar diez minutos al día al crecimiento de su red. Escríbalo en su calendario si es necesario.

2. Prepare una lista de todas las habilidades o cosas de valor que puede aportar en una relación. ¿Qué habilidades son pagadas por la gente? ¿Se considera un líder, un mentor o un entrenador fuerte? Aunque esto puede ser tonto de aplicar a su vida personal, será una buena pregunta para hacerse. ¿Qué es lo que trae a la mesa?

3.Tómese un tiempo para anotar los nombres de las personas que actualmente forman parte de su red. Categorice la red en grupos. Por ejemplo, amigos, clientes, colegas, mentores y familiares. También es posible que desee tomar notas sobre las personas que está agregando a la lista. Por ejemplo, Frank (fanático de los deportes, experto en marketing), Meg (le encanta organizar reuniones, excelente anfitrión), y así sucesivamente.

4.Identifique tres arquetipos (por ejemplo: mentor de negocios) o personas que quiera agregar a la red dentro de los próximos seis meses. ¿Dónde encontrar a esta gente? ¿Cuáles son las habilidades que tiene que serán beneficiosas para estas metas?

5.¡Comience! Use los diez minutos todos los días para aumentar las relaciones.

Aquí hay tres métodos para empezar a apilar relaciones.

Opción 1: Uso de Mensajes de Texto o de Correo Electrónico

Utilice los diez minutos todos los días para enviar mensajes o correos electrónicos a las personas de su lista. Recuerde, no sea alguien que se presenta formalmente, ya que no es su doctor. Y tampoco sea alguien que les envía mensajes antipáticos, preguntándoles por ejemplo cuáles son sus mayores problemas. Pase algún tiempo en Facebook o LinkedIn viendo lo que estas personas están haciendo en estos días. Pregunte sobre cosas que a ellos les interesan, y recuerde, no apresure nada. La gente siempre sabe cuando alguien es sincero con ellos. Se pueden enviar cincuenta mensajes por minuto, pero eso no significa que deba hacerse. Incluso uno solo puede ser suficiente si se envía a la persona adecuada. Otra cosa que hay que recordar es que no todo el mundo responderá de inmediato, lo que significa que tendrá la tarea en sus manos más adelante.

Opción 2: Uso de Tarjetas Manuscritas

¿Cuándo fue la última vez que le escribió una carta a alguien? Aunque pueda parecer anticuado, significa mucho para la gente recibir tarjetas escritas a mano en su correo. Averigüe quién merece una nota de agradecimiento de su parte en su vida personal o profesional. ¿Puede alegrar el día de un colega demostrándole que realmente le importa? Utilice el bloque de tiempo de acumulación de diez minutos para escribir una tarjeta a las personas que lo merecen. La eficacia de la opción es algo que hay que experimentar. A la gente le encanta recibir estas tarjetas, aunque es sólo un simple gesto que puede ganarle amigos de por vida.

Opción 3: Juego a Largo Plazo

Piense en las actividades a largo plazo y de alto impacto en las que podría invertir su tiempo. Podría invertir energía en ello en los próximos meses. Use los diez minutos a veces para averiguarlo. Dedique los primeros minutos del tiempo de acumulación de la relación a revisar la agenda para el horario del día en el que puede programar actividades con las personas de la red. ¿Puede tomarse un tiempo libre los viernes una vez cada dos semanas para almorzar con uno de sus antiguos clientes? ¿Cuándo fue la última vez que se sentó con un mentor a discutir algo? ¿Puede darse el lujo de tomarse un día libre y usarlo para hacer un viaje corto de fin de semana con su familia?

La calidad de vida que lleve se puede medir por la calidad de sus relaciones, y uno de los requisitos previos para la calidad es la consistencia en los esfuerzos a lo largo de un período, siendo capaz de jugar el juego a largo plazo. En caso de que ya no está claro, vamos a aclarar algo: construir relaciones no se trata de extorsionar a las personas para que hagan algo. El objetivo de la acumulación de hábitos en las relaciones es proporcionarle un vehículo fácil para construir relaciones. Es un pequeño pedazo de tiempo cada día cuando necesita ser honesto y auténtico consigo mismo y con los demás. Es una forma de ser intencional al decidir quién estará en su vida en un momento dado.

No llegará a ninguna parte en caso de que pases diez minutos al día tratando de caerle bien a extraños, siendo egoísta o mintiendo. La iniciativa que tomó será la más recordada, y las primeras impresiones son importantes. La gente lo recordará cuando les demuestre que se preocupa lo suficiente por ellos y por sus cosas. Este puede ser el mensaje más significativo del capítulo. Es su responsabilidad hacer crecer sus relaciones. No deje que la gente en su vida personal o de negocios se alejen de su vida porque no se han acercado recientemente. Es muy probable que estén sentados en el otro lado, pensando en las mismas excusas, como la falta de tiempo o de recursos. Recuerde que siempre hay tiempo disponible cuando se preocupa lo suficiente. Después de todo, nada es más importante en la vida que pasar tiempo con personas que le importan.

Capítulo 11: Acumulación de Hábitos para Mejorar sus Finanzas

La mejora de la situación financiera requiere acciones deliberadas y disciplina. En realidad, cuando lo piensa, el dinero que puede guardar depende básicamente de las decisiones que tome todos los días. Sin embargo, tomar decisiones financieras inteligentes no siempre requiere que se tenga que pasar mucho tiempo. De hecho, hay muchas pequeñas acciones que puede realizar cada día para mejorar su situación financiera actual.

1. Transferir fondos: Es importante estar siempre al tanto de cuánto dinero posee y dónde se guarda. Cuando sabe cuánto dinero tiene, se puede decidir mejor cómo gastarlo o cómo ahorrarlo. Recuerde que los sobregiros y los cheques sin fondos son hábitos negativos y costosos que debe evitar. Eche un vistazo a todas las cuentas bancarias y de cooperativas de crédito que tenga. Anote la cantidad de dinero que tiene en estas cuentas. Tome la decisión de transferir los fondos de una cuenta a otra o de cómo gastarlos en pagar las cuentas. Sólo toma cinco minutos.

2. Lea artículos sobre finanzas personales: No se le puede educar demasiado sobre las finanzas. Es importante estar consciente de cómo funciona una economía y conocer sus finanzas personales para poder tomar buenas decisiones financieras. Aprender de los demás siempre es inteligente para ahorrar más dinero y evitar errores costosos. Utilice los motores de búsqueda, como Google, para encontrar artículos sobre finanzas personales. Puede ser un artículo diario o una columna de consejos escrita por expertos. Definitivamente le proporcionará información sobre las finanzas personales y le inspirará a hacer cambios en sus finanzas. Esto también toma sólo cinco minutos.

3. Recolecte el dinero sobrante en un frasco: Una moneda de cinco centavos aquí y una moneda de 25 centavos allá puede que no suene mucho, pero cuando haya recogido todo el cambio y lo haya guardado en un solo lugar, podrá ver lo rápido que se acumula. Cada vez que agrega dinero al frasco, básicamente está agregando a sus ahorros, los cuales están creciendo con el tiempo. Revise sus carteras, bolsillos, mesa de cocina u otros lugares donde pueda dejar el dinero diario sobrante. Recójalo todo y colóquelo en el frasco. Evite la tentación de sacar el dinero del frasco tapándolo. Guarde el frasco en un armario o cajón. Esto tarda unos dos minutos.

4. Anote los gastos incurridos el día anterior: Llevar un registro de sus gastos es la manera más inteligente de administrar sus finanzas personales. Anote todo lo que compró junto con las cifras de cuánto le costó. También le dará una idea de sus hábitos de gasto. Con el tiempo, notará diferentes tendencias que emergen de sus hábitos de gasto, y podrá decidir dónde necesita hacer recortes para ahorrar dinero. Use cuadernos o chequeras para anotar todos los gastos del día anterior. Guarde los recibos para que esto sea más fácil en lugar de tratar de recordarlo todo. Por días, anote todos los artículos y sus precios, impuestos incluidos. Puede anotar si pagó en efectivo, con tarjeta de crédito o con cheque por la compra. Esto llevará unos tres minutos.

5. Cuente el dinero: Cuando es consciente de la cantidad de dinero que posee, podrá tomar decisiones correctas mientras lo gasta. Es importante saber cuánto dinero tiene en caso de que haya una factura que requiera pago inmediato. También debe tener en cuenta el efectivo exacto que tiene cuando compra en las tiendas que no aceptan tarjetas de débito o crédito. Si no tiene suficiente dinero en efectivo para la compra, tendrá que usar tarjetas de crédito que a menudo conducen a compras más grandes de lo previsto. También está obligado a pagar las comisiones de las compras, a menos que se paguen inmediatamente. Recoja todo el dinero en efectivo de su bolso y bolsillos para el día y cuéntelo. Ponga todo este dinero en su billetera y reserve algo en caso de que haya una necesidad de gastos específicos, como por ejemplo para el almuerzo y el pago de cuentas. Sólo necesita dos minutos.

6. Cancelar su suscripción a catálogos de comida rápida: Recibir correos electrónicos basura y catálogos impresos que ofrecen descuentos y promociones a menudo conduce a gastos innecesarios. Si está ahorrando 20 por ciento en una compra, no es un ahorro en absoluto si está gastando $100 para ahorrar $20. Al deshacerse de estos correos electrónicos, puede tomarse un descanso de los impulsos de compra y ahorrar dinero como resultado. Revise su bandeja de entrada y cancele su suscripción de este tipo de correo electrónico. Es un requisito legal tener un enlace para cancelar una suscripción en alguna parte del correo, aunque puede tardar unos segundos en encontrarlo. Todo lo que tiene que hacer es hacer clic en ese botón y luego confirmar. También, busque en la casa los catálogos que no desea recibir más. Llame a la compañía o envíe un correo electrónico y consiga que su nombre sea removido de sus listas de correo. Puede utilizar servicios como UnRoll.me o Catalog Choice Choice para agilizar todo el proceso. Se tarda sólo dos minutos para deshacerse de las suscripciones no deseadas.

7. Busque cupones para sus necesidades: Hay muchos productos que se necesitan, sin importar cuánto cuesten. Por lo tanto, no pague más de lo necesario por cada artículo. Al usar cupones para artículos esenciales, como jabón para platos o servilletas, puede ahorrar mucho dinero. Revise el periódico diario o busque en Internet los cupones que se requieren para los artículos necesarios, como papel higiénico, toallas de papel o bolsas de basura. Recorte los cupones del papel o imprímalos y póngalos en su billetera para que la próxima vez que compre lo esencial, pueda usarlos. Tardará unos tres minutos.

8. Empaque su bocadillo/comida y café: Puede empezar a preparar su almuerzo en casa y traerlo al trabajo o hacer el café en casa en lugar de comprarlo en el restaurante. No sólo es saludable, sino también relativamente barato. Salir a tomar un café o a almorzar todos los días tiene un efecto rápido y le cuesta mucho dinero. Es fácil evitar la situación preparando el almuerzo y el café en casa a una fracción del costo. Revise su cocina por las cosas que puede usar como merienda o como algo para el almuerzo. Coloque este artículo debajo de su bolso o con las llaves del coche para que no se olvide de llevárselo cuando salga. Puede hacer el café en casa y llevárselo en una taza de viaje a la oficina. Esto requiere unos dos minutos.

9. Averigüe cosas para hacer que sean gratis: Es posible salir de casa para divertirse sin tener que gastar dinero. Sin embargo, varias personas pasan por alto este hecho. Una cena y una película después pueden costar cerca de 100 dólares, que son su dinero ganado con esfuerzo y que podría ser gastado en comestibles o para pagar las cuentas de la tarjeta de crédito. Al disfrutar de las actividades gratuitas en su localidad, está permitiendo que el ingreso extra se quede en la casa para cosas más significativas que benefician enormemente sus finanzas personales. Consulte los periódicos o sitios web locales para obtener una lista de actividades gratuitas de las que puede disfrutar. Descubra los parques cercanos, conciertos gratuitos, películas y eventos comunitarios. Seleccione las que quiera hacer y escríbalas en su calendario para que no se olvide del evento. Se tardará tres minutos en hacer esto.

10. Establezca un límite para el gasto diario: Es significativo que tenga un límite de gastos diarios cuando está haciendo un esfuerzo para mejorar su situación financiera. Los límites de gasto le permiten tener dinero extra y evitar gastar demasiado en compras impulsivas. Por la mañana, decida cuánto dinero necesitará gastar hoy de manera realista. En caso de que tenga facturas pendientes de pago, téngalas en cuenta. Elija una cantidad que no permita compras impulsivas o demasiado gasto. Esto sólo toma un minuto.

11. Planifique los mandados diarios: Planificar los mandados para cada día es similar a planear su presupuesto para cada día. Esto lo mantiene en el camino correcto y en control total de los gastos. Planifique estas diligencias para evitar los lugares donde tiende a gastar más de la cuenta y visite los lugares a los que necesita ir en orden lógico. La planificación ahorrará tiempo, dinero y gasolina al mismo tiempo. Anote la lista de mandados que tiene que completar. Luego escríbalo de nuevo con el orden en el que necesita terminar cada tarea. Asegúrese de que se apega a la lista para no ir a ningún sitio donde no tuviera que ir a gastar cuando no hubiera un plan de gastos allí. Esto tarda unos dos minutos.

12. Apague las luces y los aparatos electrónicos cuando no sean necesarios: Esta es la forma más sencilla de ahorrar dinero. Apague las luces y los aparatos electrónicos cuando no sean necesarios en su oficina, casa o apartamento. Puede suponer un ahorro de una cantidad importante de dinero en las facturas mensuales de luz. Es importante ahorrar dinero de esta manera ya que es fácil, ahorra dinero y ayuda al medio ambiente. Dé una vuelta por la casa, la oficina o el apartamento y apague todas las luces y electrodomésticos innecesarios. Esto sólo requiere dos minutos.

13. Haga comparaciones mientras compra en línea: Hacer comparaciones mientras compra asegura que no está pagando de más por algo que está comprando. Cuanto mayor y más cara sea la compra, más significativa será la comparación. Le ayuda a ahorrar dinero y a tomar decisiones de compra más educadas. Seleccione un artículo que necesite comprar. Busque el mismo artículo en por lo menos otros tres sitios de venta al por menor. Compruebe sus características, disponibilidad, precio y otros detalles para verificar la mejor oferta disponible. Necesita cinco minutos para esto.

Capítulo 12: Lidiando con los Problemas de la Acumulación de Hábitos

Las rutinas de hábitos normalmente comienzan razonablemente bien. Se está entusiasmado con la nueva rutina y ansioso por comenzar con los nuevos cambios. Creará una rutina y verá algunos efectos positivos inmediatos. Pero en la vida real, siempre surge algo que se interpone en el camino. La clave es tener un plan para cuando haya interrupciones en la rutina de acumulación de hábitos por una razón u otra. Las razones incluyen enfermedades, vacaciones y emergencias.

La gente abandona las rutinas no sólo por pereza, sino porque algunos acontecimientos externos hacen descarrilar sus esfuerzos durante algún tiempo. Estos pocos días que pasan sin realizar la rutina se convierten rápidamente en unas pocas semanas, y entonces lo que pasa es que no sabes cómo reiniciar. Afortunadamente, hay algunas maneras de evitar que esto suceda y volver a las rutinas de nuevo.

Estrategia 1: Tenga un plan de contingencia si es que el plan está listo

Debe dar por sentado que algún tipo de interrupciones ocurrirán en las rutinas. Es un simple hecho. Es posible aceptar estas interrupciones sin desanimarse, ya que son bastante esperadas. Siempre esté preparado para perdonarse a sí mismo por las interrupciones y ser capaz de seguir adelante. Es posible que se vea forzado a detener la rutina por un tiempo, pero en lugar de estar deprimido por no poder seguirla, convierta los sentimientos en pensamientos motivadores para completar la rutina al día siguiente.

Uno de los ejemplos obvios de interrupción es ir de vacaciones. Esto puede obstruir fácilmente su rutina de acumulación de hábitos. Esto se debe a que ya no está en el lugar o trabajando en el marco de tiempo de su rutina diaria. Cuando se tiene un plan alternativo, es capaz de sobrevivir a las interrupciones y continuar con su historia de éxito. Este plan alternativo también es usado para encontrar aquellos estímulos o señales que le impiden finalizar su rutina. La idea aquí es crear un plan para el momento en que tenga lugar la señal.

Por ejemplo, si uno de sus hábitos es comprobar el saldo de su cuenta bancaria en línea cada día, pero un día no funciona el Internet. Entonces, ¿tienes un plan de alternativa a mano? Si no puede verificar la cuenta bancaria en línea, puede ir al banco o llamarlos y pedirles el saldo de la cuenta.

Estrategia 2: Conozca los Desencadenantes

Para crear un plan alternativo, debe estar al tanto de los factores desencadenantes. Conozca los malos desencadenantes, que resultan ser distracciones y malos hábitos que lo hacen cometer errores y tienen un impacto negativo en la rutina de acumulación de hábitos. Lleve un registro de los hábitos negativos, ya que esto le ayudará a desarrollar la rutina. Usted posiblemente busque llevar un estilo de vida más saludable, pero coma comida rápida habitualmente. Lleve un registro de cuándo está sucediendo esto y qué es lo que lo está desencadenando.

Por ejemplo, ¿se salta el almuerzo durante el día y en su lugar come comida rápida? Es posible que coma comida rápida sólo cuando está enfurruñado y de mal humor. Estos son los desencadenantes que son significativos de reconocer para que poder desarrollar un plan alternativo y seguir haciendo cambios positivos. Si por ejemplo ha empacado bocadillos consigo, entonces no tendrá hambre en su camino a casa y no se verá tentado a visitar un restaurante de comida rápida.

Los planes alternativos son capaces de contrarrestar los malos hábitos, y refuerzan los buenos hábitos. Sin embargo, ¿qué pasa si no pueden evitar que abandone totalmente la rutina de acumulación de hábitos? Eche un vistazo al panorama general. ¿Se está saltando uno o dos hábitos o toda la rutina? Debe saber cómo retomar el ritmo de las cosas en caso de que le ocurra. Aquí está el cómo.

Estrategia 3: Reducción de las Expectativas Generales

Hay una fina línea entre la presión que existe sobre una persona mientras completa su rutina diaria, y cuando esa persona pone demasiada presión sobre sí mismo. La presión adicional puede llevar a demasiada presión, lo que causa una reacción negativa, y eso es exactamente lo que no se desea. En lugar de hacerse cargo de demasiado e intentar completar cosas que son más que realistas, concéntrese en lo mínimo, pero asegúrese de que se está concentrando en los hábitos que son significativos. Mientras construye su rutina de acumulación de hábitos, siempre tenga esto en mente. Es fácil tratar de sobrecompensar cuando hay una emergencia. Le sucede a todo el mundo, pero si está llenando su plato y ve que está demasiado lleno, lo que probablemente sucederá es que el plato se voltee.

Estrategia 4: Comience de Nuevo con Poco

Empezar de nuevo puede ser desalentador; sin embargo, es obligatorio cuando se trata de las rutinas de acumulación de hábitos. En caso de que necesite empezar de nuevo, siempre empiece de a poco. Concéntrese primero en cumplir algunos hábitos para poder volver a la rutina. Cuanto más realice los pequeños hábitos, mejores serán sus posibilidades de volver a empezar y completar toda la serie. Esté contento con las pequeñas victorias y concéntrese en mantener la rutina en lugar de centrarse en la duración de la rutina. Aquí tendrá un agarre firme en la rutina, y puede luego agregar más a ella. Sin embargo, no olvide no perderse ni un solo día de la rutina.

Siga Adelante

Seamos prácticos. Todos nos enfrentamos a esos momentos locos en los que empezamos un buen hábito y encontramos que la rutina se esfuma unos días después. Es una parte natural de una sociedad sobrecargada de información. Es posible que se encuentre comenzando y dejando una rutina varias veces. El verdadero secreto para hacer que un hábito se mantenga no radica en los hábitos individuales. Sino en concentrarse en convertir la rutina de acumulación de hábitos en una rutina intrínseca. En caso de que descubra que no es capaz de hacer frente a las exigencias de la rutina, aquí tiene un ejemplo de los mini hábitos de Stephen Guise. Piense en el hábito más fácil y estúpido que requerirá poco o ningún esfuerzo. Luego concéntrese en hacer algunos de ellos todos los días. Añada tareas como cepillarse los dientes, enviar mensajes de texto cariñosos, tomar vitaminas u otras tareas como, por ejemplo, leer un artículo inspirador todos los días.

Toda la rutina de acumulación de hábitos toma menos de cinco minutos para completarse. Por lo tanto, no debería tener problemas para seguirla cada día. Después de que se haya convertido en un ritual diario, usted puede agregar cambios más desafiantes o complejos a su estilo de vida. Y no importa lo que pase, siga adelante. Lo más significativo de este libro es concentrarse en la rutina y no en los hábitos independientes. Esto es cierto incluso cuando está ocupado y abrumado por la vida. No importa si sólo ha completado una rutina de acumulación de hábitos que consiste en tres acciones que duran un solo minuto cada una. Lo más importante es ser consistente todos los días.

Capítulo 13: Escogiendo Desencadenantes para su Rutina de Acumulación de Hábitos

La parte más vital de cualquier rutina de acumulación de hábitos es comenzar. Esta es la razón por la que es importante atarlo a un estímulo o desencadenante. El desencadenante, o detonante, es una acción o un evento que genera el comienzo de su rutina. Es similar a una luz verde al comienzo de una carrera de bicicletas. Los desencadenantes de los hábitos son comúnmente discutidos negativamente. La mayoría de las veces, se discuten junto con los malos hábitos, como por ejemplo, cómo el hábito de beber provoca el hábito de fumar. Pero así como los desencadenantes pueden resultar en la creación de un bucle de hábito negativo, también pueden generar buen comportamiento, como el hecho de despertarse en la mañana puede ser un desencadenante para cepillarse los dientes. Después de crear una rutina para mantener el hábito, debe seleccionar un desencadenante para finalizar exitosamente la rutina.

Similar a la construcción de la rutina pieza por pieza, debe mirar las características de los detonadores para que pueda elegir el que le ayudará a tomar una acción. Por ejemplo, al elegir un detonante, tenga en cuenta estas cosas.

1. Una acción o un evento puede ser utilizado como detonante. Por ejemplo, levantarse por la mañana puede ser un detonante o desencadenante, o incluso almorzar.

2. Esto es muy sencillo. En caso de que el desencadenante le haga trabajar, tiene menos probabilidad de hacerlo, y eso significa que su rutina de acumulación de hábitos no funcionará.

3. Tiene que ser automático, como un temporizador que se apaga a cierta hora del día.

4. Los nuevos hábitos no serán buenos desencadenantes. El detonante debe ser algo que la persona está haciendo actualmente todos los días.

Después de seleccionar los desencadenantes, fije la siguiente rutina de acumulación de hábitos inmediatamente después de que ocurra el evento. Cuanto más lo haga, más sencillo e instantáneo será. Puede escribir por sí mismo notas o recordatorios hasta que la transición tenga éxito por sí sola. No se preocupe si tiene dificultades para hacer contacto con el desencadenante del hábito al principio. Muy a menudo, a muchas personas les toma varias semanas o incluso meses antes de que automáticamente muevan el desencadenante a un hábito.

Cree un vínculo entre el hábito y un desencadenante, que le ayudará a comenzar las rutinas de acumulación de hábitos todos los días. La clave del éxito es la repetición. Una vez que el desencadenante es identificado y seguido todos los días, entonces se convierte en una prioridad. La mejor manera es elegir una hora y un lugar para la rutina. Por ejemplo, si escoge su despertador como el detonante, significa que necesita reservar media hora para completar una rutina de hábitos, que incluye, pasear al perro, tomar vitaminas, recoger la ropa sucia y colocarla al lado de la lavadora. Esto debe repetirse todos los días, y lo está haciendo sin siquiera pensar en ello.

Cada vez que suene la alarma, debe estar listo para comenzar la rutina de acumulación de hábitos. Ahora, similar a cualquier nuevo hábito o actividad, toma algún tiempo acostumbrarse a la rutina. Es posible que se salte un día o dos, o que se le pida que elimine algunos otros pequeños hábitos. La clave está en mantenerlo y asegurarse de que lo está haciendo todos los días. Recuerde no iniciar una rutina antes de que suene la alarma y ni siquiera diez minutos después. Para construir la conexión correcta, debe iniciar la rutina tan pronto como suene la alarma. Comenzar demasiado temprano o tarde causa una conexión débil, y resultará en días perdidos y, como resultado, resultados menos impresionantes.

Conclusión

Ahora no permita que nada ni nadie se interponga en su camino. Antes de empezar, asegúrese de que está bien preparado para la tarea que tiene por delante. Dependiendo de sus objetivos y hábitos, piense en el tiempo y las cosas que necesita y asegúrese de que están en su lugar de antemano. Si se está concentrando en la productividad, aquí hay algunas cosas que debe considerar antes de comenzar:

· Acuéstese temprano, lo que significa más tiempo para la rutina en las mañanas.

· Comprar y montar cualquier sistema de archivo que sea necesario.

· Encuentre la aplicación o software adecuado para administrar el tiempo.

· Anote las tareas importantes en orden de prioridad.

·Planifique una recompensa.

Todos nosotros hemos enfrentado obstáculos o desafíos ocasionales. El truco es anotarlas con anticipación y luego tomar la iniciativa para superarlos.

© Copyright All rights reserved.

The following eBook is reproduced below with the goal of providing information that is as accurate and reliable as possible. Regardless, purchasing this eBook can be seen as

CHAPTER 1

consent to the fact that both the publisher and the author of this book are in no way experts on the topics discussed within and that any recommendations or suggestions that are made herein are for entertainment purposes only. Professionals should be consulted as needed prior to undertaking any of the action endorsed herein.

This declaration is deemed fair and valid by both the American Bar Association and the Committee of Publishers Association and is legally binding throughout the United States.

Furthermore, the transmission, duplication, or reproduction of any of the following work including specific information will be considered an illegal act irrespective of if it is done electronically or in print. This extends to creating a secondary or tertiary copy of the work or a recorded copy and is only allowed with the express written consent from the Publisher. All additional right reserved.

The information in the following pages is broadly considered a truthful and accurate account of facts and as such, any inattention, use, or misuse of the information in question by the reader will render any resulting actions solely under their purview. There are no scenarios in which the publisher or the original author of this work can be in any fashion deemed liable for any hardship or damages that may befall them after undertaking information described herein.

Additionally, the information in the following pages is intended only for informational purposes and should thus be thought of as universal. As befitting its nature, it is presented without assurance regarding its prolonged validity or interim quality. Trademarks that are mentioned are done without written consent and can in no way be considered an endorsement from the trademark holder.

www.ingramcontent.com/pod-product-compliance
Lightning Source LLC
LaVergne TN
LVHW010348070526
838199LV00065B/5805